LE MANUEL DU MENTALISTE

LE MANUEL DU MENTALISTE
Clint Marsh

16, rue Albert-Einstein – Marne-la-Vallée
77420 Champs-sur-Marne, France
www.musicbooks.fr

Première édition pour la traduction française

Titre original : *The Mentalist's Handbook*

Première publication en langue anglaise et traduit en accord avec
Red Wheel/Weiser, LLC

Traduit de l'anglais par Jules Mauricet
ISBN 978-2-35726-060-3

Directeur d'édition : Eddy Agnassia
Collection coordonnée par Flore Law de Lauriston
Composition et mise en page : Anthony Gaucher
Couverture : Jeff Hoke, Rex Features - Composition : Mathieu Tougne

LE MANUEL DU MENTALISTE

SECRETS ET POUVOIRS PSYCHIQUES

CLINT MARSH

« L'âme humaine, étant de la même essence que toute création, possède un pouvoir merveilleux. Celui qui possède le secret est capable de s'élever aussi haut que son imagination le portera ; mais il ne sera en mesure de réaliser cela qu'à la condition de ne faire qu'un avec cette force universelle. »

HENRI CORNEILLE AGRIPPA,
De Occulta Philosophia
(trad. H. P. Blavatsky, Isis Unveiled)

SOMMAIRE

ILLUSTRATIONS

AVANT-PROPOS

CLINT ET MOI PARTAGEONS UN SECRET. C'est un secret difficile à définir, même pour nous. Cela vient d'un désir caché de croire en l'inconnu, assorti d'un scepticisme particulier. Nous croyons en l'existence de choses pour lesquelles les gens raisonnables n'ont pas de réponse, mais les réalités de la vie quotidienne renforcent notre pragmatisme. Nous faisons des expériences qui nous rendent perplexes, nous lisons des choses à leur sujet, nous en parlons et nous essayons de trouver une logique à tout ça à travers nos réalisations. La croyance pique la créativité. La créativité entraîne la croyance. Le monde serait bien morne sans l'une et l'autre.

J'ai rencontré Clint pour la première fois à l'*Alternative Press Expo* à San Jose, en Californie, en 1999. J'étais là pour exposer la première manifestation physique du Museum of Lost Wonder, une façade garnie de rideaux violets flottant sur quelques-uns de mes premiers opuscules. J'étais entouré d'un nombre étourdissant de jeunes artistes vomissant leurs personnages de BD. Ce n'était pas vraiment ma place.

Quelque part, mon excentricité a attiré Clint. Il s'est présenté et s'est mis à plaisanter. Il n'avait pas l'air à l'aise non plus. Clint était extrêmement chaleureux et doté d'un sens de l'humour particulier aux gens du Midwest. Deux semaines plus tard, il vint frapper à ma porte, à quelque 200 km de là, pour me parler de mon travail. Nous sommes devenus de vrais amis.

Il y avait, et il y a toujours, chez Clint, un mélange étonnant de magie et de bon sens. Lui et moi partageons un sens du merveilleux hérité de lectures métaphysiques, de magazines pour adolescents et de BD d'aventures qui ont infecté nos cerveaux durant notre enfance. C'est une passion qui ne nous a pas lâchés quand nous sommes devenus adultes. L'enchantement n'a jamais disparu. Le fait que lui et moi ayons traversé l'étroite frontière entre raison et croyance nous a rapprochés. Le mystère et le travail ont toujours permis de réconcilier les mondes apparemment contradictoires de l'imagination et de la vie de tous les jours. Pour accomplir cela, il nous a fallu créer des mondes à nous où tout cela va de pair. J'ai créé un monde contenu dans un musée qui, bien que cela soit une fantaisie, est un endroit très réel pour moi. Clint était capable de matérialiser son monde dans l'æther : Pendant que je créais un endroit imaginaire particulier, Clint explorait une région entière, très réelle pour beaucoup de gens, et nous livrait une sorte de carte routière pour y accéder. Je pense que mon musée repose quelque part sur ce plan.

Le travail de Clint est une exploration personnelle dans l'inconnu, où tout ce qu'il a lu, ce dont il a fait l'expérience et ce sur quoi il s'est interrogé font sens. Nous en avons débattu une fois, essayant de deviner si ce genre de quête personnelle avait une quelconque valeur pour autrui. C'était une de ces conversations au cours desquelles l'on se demande « Pourquoi faisons-nous cela ? », « Qui s'y intéresse ? » et « Pourquoi est-ce important ? ». Nous avons discuté de l'inspiration que nous trouvions dans les écrits et les idées des penseurs ésotériques à travers l'histoire. Penser à ceux qui nous ont précédés, avec leurs textes méandreux, obscurs, parfois instructifs, souvent frustrants, nous a fait réaliser notre lien avec le passé.

Depuis les penseurs néoplatoniciens et ceux de la Renaissance jusqu'aux visionnaires du début du siècle qui combinent la pensée orientale et occidentale, les pionniers intrépides de l'imagination ont toujours mélangé les faits personnels et la fantaisie dans leur philosophie (en dépit de ce qu'ils peuvent vouloir nous faire croire). Ils ont essayé de comprendre les écrits qui les ont inspirés. Ils ont combiné ce que ces livres leur ont appris avec leur expérience personnelle, et ils ont donné un sens à leurs passions en partageant et exprimant leurs idées dans la langue de leur époque. Ils ont syncrétisé et exprimé la pensée ésotérique dans quelque chose qui fait sens, quelque chose d'utile. Ils ont fait, dans leur propre domaine, ce que nous faisons aujourd'hui.

Clint a imité un style qui rappelle le passé, mais son approche pragmatique est totalement moderne. Si notre travail a une quelconque valeur, c'est de faire partie de ce continuum d'idéalistes qui se sont penchés sur le passé, ont embrassé le présent et essayé de porter leur inspiration dans le monde dans lequel ils vivaient.

Clint fut le premier éditeur de mes écrits pour le Museum of Lost Wonder, et il continue de m'aider à comprendre mes créations. Je suis fier d'avoir dessiné les croquis qui donnent vie au sens très pratique mais peu commun que vous trouverez dans ce livre.

Le secret que je partage avec Clint reste difficile à définir, mais peut se résumer à ceci : nous croyons que tout le monde a la faculté de suspendre l'incrédulité, d'explorer l'imagination et d'appliquer ce qu'il a trouvé à la vie quotidienne. Le secret est là, le découvrir et le faire sien est à la portée de tous. Ceci est un manuel. Appréciez l'aventure.

Jeff Hoke

INTRODUCTION

QUAND J'AI COMMENCÉ À TRAVAILLER sur les essais qui allaient finalement être compilés dans *Le Manuel du mentaliste*, mon intention était de créer un point de départ pour discuter et enquêter sur les phénomènes les plus inexplicables du monde, ces choses auxquelles nous réfléchissons mais que nous ne pouvons expliquer par nous-mêmes. J'avais été fasciné par le pouvoir de l'esprit humain et sa prétendue faculté à la projection astrale, à la communication avec le monde spirituel et aux prouesses psychiques, d'aussi loin que je m'en souvienne, lisant tous les livres sur le sujet qui me passaient entre les mains et prêt à écouter quiconque désireux de partager ses propres expériences. J'étais sûr qu'il y avait une raison à l'existence d'un tel phénomène, et je sentais que quelque part tout était lié. Mais personne ne pouvait rien en expliquer d'une façon qui me satisfasse. Était-il possible que tout cela soit vrai ? J'avais également peur de passer pour un idiot en questionnant les limites de la connaissance humaine dans le monde rationnel qui est le nôtre aujourd'hui.

Finalement ma frustration a pris le dessus, et j'ai pris sur moi de bâtir un chez-soi pour toutes les choses inexplicables. Utilisant une combinaison de techniques de visualisation, d'exercices artistiques, d'idées prises dans des livres ésotériques, une saine dose d'intuition et d'imagination, j'ai créé un endroit appelé le plan æthérique, un royaume qui peut être exploré à travers la pratique contemplative dénommée mentalisme. Aussi bizarre que cela puisse paraître, je n'étais pas la première personne à visiter l'æther. Les théosophes de l'époque victorienne et autres penseurs historiques ont exploré cela avant moi, donc quand j'ai commencé à publier une série d'opuscules à propos de mon propre voyage dans l'æther, mon style d'écriture et de production ont rendu hommage à ceux qui s'y étaient rendus avant moi. Chaque entrée du *Caméléopard* explore un aspect différent de ce royaume fantastique. Mon amour du ton autoritaire des publications de sociétés secrètes, combiné à mes propres angoisses à propos de mon intérêt pour ces sujets étranges, m'a conduit à écrire dans le style grandiose d'un maître mentaliste, qui détient déjà toutes les réponses. J'ai eu la surprise et le plaisir de recevoir des lettres du monde entier en réponse à mes opuscules. Il semblait que j'étais loin d'être seul dans ma quête de réponses.

Au cours des dix années consacrées au développement de ce projet, je me suis sans cesse demandé ce que je pensais réellement du mentalisme et du plan æthérique. Tout comme l'æther lui-même, ma propre approche de cette substance est un mélange insaisissable de concret et d'imaginaire. Mon mode d'exploration a été celui d'un amateur enthousiaste, un autodidacte sautant périlleusement entre les recherches d'autres personnes et mon expérience et mes intuitions propres. Ma thèse a été bâtie sur l'accumulation, l'osmose et l'alchimie étrange qui s'exerce dans l'imagination de chacun. « Je suis resté sceptique tout au long de la démarche, mais à chaque fois que j'ai tenté une des expériences de ce livre, ma connaissance du pouvoir et du fonctionnement du cerveau humain et, ce faisant, de l'æther lui-même, s'en est trouvée améliorée. Je suppose que le magicien d'Oz a fait ce genre d'expérience, lui aussi.

Si ce travail est exécuté avec assiduité et ouverture d'esprit, il ne laissera personne inchangé. Certains d'entre vous percevront le monde de l'æther exactement de la façon dont il est décrit dans ce livre, dans toute sa fantastique étrangeté. D'autres y gagneront une meilleure compréhension de leurs capacités de mémorisation et de visualisation. L'æther se manifeste d'une manière subtile et jamais tout à fait comme on s'y attend.

Lire les comptes rendus de vos expériences avec les différents aspects du plan æthérique m'intéresse sincèrement, qu'elles aient été pratiquées au moyen des techniques présentées dans *Le Manuel du mentaliste* ou en utilisant d'autres méthodes. N'hésitez pas à m'envoyer vos courriers à l'adresse postale ci-dessous ou via mon site web, www.wonderella.org, sur lequel vous trouverez des informations récentes sur *Le Caméléopard* et autres publications. Merci beaucoup de l'intérêt que vous portez à l'æther. Je vous souhaite bonne chance dans vos explorations.

Clint Marsh

CLINT MARSH

LE CAMÉLÉOPARD

AU SOMMET DE SA GLOIRE, la Rome antique contrôlait une grande partie de l'Europe, de l'Asie et de l'Afrique. Les marchands ramenaient à Rome des merveilles des coins les plus reculés de l'empire pour le plaisir de l'empereur comme pour celui du public.

Ils appelèrent une de ces merveilles le caméléopard : une créature à tête de chameau et taches de léopard. Maintenant connu sous le nom de girafe, cet animal gracieux et haut sur pattes évoquait à cette époque un sens du mystère et du merveilleux. Ce bel animal sert de mascotte aux aspirants mentalistes.

En apportant au public un savoir lointain, l'auteur de ce livre espère informer et éclairer à la manière des marchands de la Rome antique. *Le Manuel du mentaliste* s'efforce d'expliquer au commun des mortels la nature et la pratique du mentalisme et du plan æthérique, qui rendent possibles des prouesses extraordinaires, dont la projection astrale, la communication spirituelle et les pouvoirs psychiques.

En étudiant ce livre, vous approfondirez votre connaissance du plan æthérique grâce à une théorie générale, des exemples historiques et des exercices faciles à suivre. Nous espérons qu'en tant qu'aspirant mentaliste, vous effectuerez les exercices du mieux que vous le pourrez et que vous contacterez l'auteur pour lui faire part des résultats.

INSTRUCTIONS POUR L'ENREGISTREMENT DES EXPÉRIENCES

À MESURE QUE VOUS APPRENDREZ À CONNAÎTRE L'ÆTHER, il est important de garder la trace des méthodes exactes et des résultats de vos expériences en mentalisme. Voici quelques instructions pour conserver une trace de telles expériences. Il est conseillé aux aspirants mentalistes de suivre les instructions aussi fidèlement que possible et d'envoyer une copie des résultats à l'auteur.

Tout comme un charpentier ne peut bâtir une maison sans clous ni marteau, le mentaliste ne peut rendre compte de ses expériences sans les bons outils. Le plus important de ces outils, en plus du crayon et du papier, est probablement l'assistant. L'assistant n'a pas besoin d'être votre employé. Il peut s'agir d'un ou une ami(e), partageant dans l'idéal votre intérêt dans le mentalisme. Le rôle de cet assistant est de s'asseoir à côté de vous et de prendre soigneusement en note tout ce qui se passe pendant l'expérience.

Si vous n'avez pas d'assistant sous la main, et que vos finances vous le permettent, vous feriez peut-être bien de passer une petite annonce dans un journal local. Vous pouvez également acheter un magnétophone.

Il est très important que vos premières expériences soient enregistrées aussi fidèlement que possible. Avant de commencer les enregistrements, dites bien à votre assistant que la prise de notes doit être claire et minutieuse.

Chaque enregistrement doit comprendre un bref résumé de votre état d'esprit général (calme, agité, etc.), votre régime alimentaire pendant les dernières 24 heures, toute pensée qui peut accabler votre esprit, et toute condition externe qui pourrait affecter votre séance, telle qu'un orage, un changement de lieu pour vos méditations, ou quoi que ce soit d'autre de ce genre.

Quand cela est fait et que vous êtes prêt, signalez-le à votre assistant (ou mettez votre magnétophone en marche) et commencez votre session æthérique de la même façon que n'importe quelle autre session de travail. Si vous utilisez du papier et des crayons pour prendre des notes, essayez de ne pas interrompre l'expérience pour coucher vos pensées par écrit : attendez plutôt que l'expérience soit terminée. Si vous enregistrez au moyen d'un magnétophone ou d'un assistant, vous pouvez faire des commentaires à haute voix, pour un compte rendu plus complet de la session. L'assistant devra prendre en note tout changement de température, de temps ou autres conditions atmosphériques. Détendez-vous et avancez dans votre session comme vous le feriez normalement, mais gardez à l'esprit que vous devez vous souvenir clairement de ce qui s'est passé afin de mieux comparer vos impressions avec les enregistrements effectués.

Après la séance, revenez sur votre compte rendu pour en vérifier la justesse. Ajoutez autant de détails que vous pouvez et quelles conclusions vous tirez de votre expérience.

C'est avec plaisir que l'auteur recevra une copie des enregistrements de vos expériences, ainsi que les questions générales ou commentaires d'ordre pratique au cours de cette étude. Les correspondants sont invités à me communiquer leurs noms et adresse. Envoyez tous les manuscrits par la poste ou par courrier électronique en utilisant l'adresse donnée en introduction de ce livre.

IMAGINATION — VISUALISATION — RÉALISATION

N'OUBLIEZ PAS ! TOUT EST ÆTHER

MENTALISME = POUVOIR SUR L'ÆTHER

LE MANUEL DU MENTALISTE

VOX CLAMANTIS IN DESERTO

PREMIÈRE LEÇON

LA NATURE DE L'ÆTHER

Les principes de la méditation et de la visualisation
Les principes de la méditation — Une première méditation
Les principes de la visualisation — Une visualisation simple
L'importance de l'imagination — Une description du plan æthérique
Imaginer le plan æthérique — Localiser cet endroit
« Que peut m'apporter le plan æthérique ? »
La nature de l'æther — L'æther comme substance
L'atelier du sculpteur — Quelques questions sur l'atelier du sculpteur
L'æther et le monde surnaturel — Deux corps, un seul être
Visualiser le corps æthérique — Visualisation et mémoire
Observation et mémoire — Mémoire du quotidien
Les alliés du mentalisme — Psychismes — Projection astrale
Spiritisme — L'esprit est matière, la matière est esprit
Lettres d'aspirants

« Petit frère, donne-moi la main ; car les premiers pas sont difficiles. »

ALEISTER CROWLEY

Au-dessus, en dessous, et partout dans le monde que vous et moi appelons le nôtre, réside aussi le plan æthérique. Tout ce que nous voyons, touchons et ressentons a un équivalent dans ce lieu, et quand vous visiterez le plan æthérique, vous verrez combien les qualités matérielles et mentales de ces choses commencent à s'estomper et se mêler.

Par « æther » on désigne la substance dont est fait le plan æthérique.

Cette leçon expose les qualités de l'æther et du plan æthérique et fournit une base pour l'exploration de ce vaste et fascinant royaume. Vous en apprendrez bien plus que vous ne le pensiez. Cela éveillera votre curiosité, et vous oserez percer le voile entre ce monde et les autres.

Grâce aux exercices simples de cette leçon, vos facultés de mentaliste se développeront. Ne vous découragez pas si au début vous ne réussissez pas les exercices aussi bien que vous l'auriez souhaité. Vous y parviendrez par la pratique et l'assiduité.

Et maintenant poursuivons notre louable ambition d'informer le monde des faits entourant la nature de l'æther.

LES PRINCIPES DE LA MÉDITATION ET DE LA VISUALISATION

La méditation et la visualisation sont deux pratiques importantes utilisées dans les exercices à suivre. Ce sont les premières techniques que chaque aspirant mentaliste doit apprendre à maîtriser. Ces pages vous initieront aux concepts de la méditation et de la visualisation et vous guideront dans vos premiers essais.

Les principes de la méditation

La méditation est la technique de base de l'aspirant mentaliste. Parce qu'elle nous détend et détourne notre attention du quotidien, la méditation est l'outil qui nous permet de nous connecter au plan æthérique. Pour que la méditation soit efficace, elle doit être pratiquée tous les jours. Ces conseils vous aideront dans vos premières méditations simples. En progressant dans vos études æthériques, vous en apprendrez beaucoup plus sur cette technique.

S'il s'agissait d'un livre pour culturistes, il comprendrait des exercices à travailler pour renforcer vos muscles. Nous allons renforcer vos « muscles mentaux » à la manière dont les haltérophiles se font les biceps : par la pratique. Vous verrez que méditer fréquemment sur une chose en particulier (dans cet exercice, la respiration) vous aidera à vous concentrer et vous détendre. Un esprit et un corps calmes sont essentiels au mentalisme.

Exercice 1 : Une première méditation

Trouvez un endroit calme ou vous ne serez pas dérangé par le bruit ou quoi que ce soit d'autre. Asseyez-vous sur une chaise ou sur le sol, dans une position confortable mais en gardant le dos droit. La méditation est une histoire de respiration, et avec un dos droit, vos poumons peuvent s'ouvrir d'une façon optimale. Si vous êtes sur une chaise, asseyez-vous sur le bord pour éviter de vous avachir.

Détendez-vous. Concentrez-vous sur votre respiration. Respirez lentement et sciemment, en vous laissant aller. Essayez de ne penser qu'à votre respiration qui entre, emplit et quitte votre corps. Fermer les yeux peut vous aider.

Même s'il n'est pas nécessaire de chronométrer votre méditation, il serait bon de vous concentrer sur votre respiration pendant environ 5 minutes. Vous prendrez ainsi mieux conscience de votre corps et de l'acte physique de respiration.

Si votre attention se détourne de votre respiration, revenez doucement fixer vos pensées sur le rythme simple de l'inspiration/expiration. Ne soyez pas déçu si votre attention se détourne encore et encore, surtout si vous êtes novice en méditation. Cela demande de la pratique. Avec le temps, la méditation vous sera de plus en plus naturelle. Continuez à respirer lentement pendant encore 5 minutes en restant focalisé sur votre respiration, 10 minutes si vous y prenez du plaisir.

Une fois terminé, mettez-vous debout et étirez-vous en laissant votre attention revenir à ce qui vous entoure. Répétez ce genre de méditation au moins une fois par jour pendant 15 minutes. Si vous vous y tenez, vous développerez la faculté de vous concentrer très intensément sur quelque chose (ici votre respiration) tout en vous détendant. Tout aussi important, vous vous sentirez plus heureux et plus détendu en général. Tous ces traits sont essentiels au mentalisme.

Les principes de la visualisation

La visualisation, la capacité de voir avec les yeux de l'esprit des choses qui ne sont pas aisément visibles à l'œil physique, est peut-être la technique la plus polyvalente du mentaliste. Les mentalistes utilisent les visualisations pour les aider à se représenter le plan æthérique. C'est ainsi que vous utiliserez d'abord la visualisation : pour imaginer le plan æthérique.

Plus tard, vous l'utiliserez pour voir l'æther tel qu'il est vraiment.

Beaucoup considèrent que la visualisation, en tant que telle, n'est que pure imagination. Au début cela n'est pas faux. La visualisation, pour les débutants, consiste à se concentrer sur certaines pensées jusqu'à ce que ces dernières se matérialisent devant le mentaliste et ne va guère plus loin. Dans les études mentalistes et æthériques en général, la visualisation est une technique qu'il est important de pratiquer, parce qu'elle est le premier pas vers une réelle perception de l'æther et vers l'interaction avec ce dernier.

Exercice 2 : Une visualisation simple

Voici une visualisation simple que vous pouvez pratiquer même si vous êtes novice dans la discipline. Cet exercice fonctionne en partie grâce à certains des principes physiques qui gouvernent l'œil. Il est fondé sur l'illusion optique.

Mettez-vous dans une pièce avec un mur blanc ou clair. Fixez la forme géométrique simple de la main en comptant lentement jusqu'à 30, puis dirigez rapidement votre regard sur le mur mentionné plus haut. Vous pouvez, pour vous aider, cligner rapidement des yeux.

Voyez-vous l'image récurrente de la forme sur le mur, les parties blanches en noir et les parties noires en blanc ? L'image que vous avez fixée si longtemps s'est imprimée sur votre rétine et votre cerveau l'interprète comme étant réellement devant vos yeux. C'est un début un peu vague pour vos visualisations mais un début quand même.

Recommencez plusieurs fois, puis faites ce petit saut en avant : essayez de visualiser la même image sur le mur. Parvenez-vous à la voir sans d'abord fixer l'illustration ? Essayez. Ce n'est pas grave si vous n'y parvenez pas les premières fois, mais vous devrez vous y entraîner pour développer vos facultés de visualisation.

La différence entre la première et la seconde manière de voir l'image est que dans la seconde, vous voyez sans l'aide d'aucun stimulus physique. Vous utilisez votre mémoire. Comparez les deux façons de voir en vous exerçant, puis voyez si vous pouvez jouer avec vos visualisations. Pouvez-vous visualiser la forme sur d'autres murs ? Pouvez-vous la visualiser légèrement en retrait du mur ? Pouvez-vous ajouter des parties à l'image, un doigt en plus par exemple, et ensuite les supprimer ? Si c'est le cas, tant mieux ! Vous êtes sur la bonne voie pour des visualisations plus complexes.

L'importance de l'imagination

En pratiquant les exercices de visualisation de cette leçon, vous réaliserez combien l'imagination est cruciale pour le travail. Ne pensez pas à l'imagination comme à une béquille, à quelque chose qu'il vous faudrait surpasser pour arriver aux « vraies » visualisations. L'imagination est plus une carte pour la visualisation qu'un barrage. Vous avez imaginé des choses toute votre vie, et la visualisation est une faculté très proche de l'imagination.

UNE DESCRIPTION DU PLAN ÆTHÉRIQUE

À la question que l'on me pose souvent – « À quoi ressemble le plan æthérique ? » – je réponds par une autre question : « Comment peut-on décrire un endroit pareil ? » La réponse à la seconde question est : « D'une façon trop imprécise. »

En d'autres termes : il existe un monde au-delà, et cependant à l'intérieur du monde matériel que vous et moi connaissons et habitons. Cet endroit est à la fois différent et le même que le nôtre. Dans cet autre monde, tout semble être fait de lumière. En réalité, dans le plan æthérique tout est fait d'une substance très fine nommée æther.

À dire vrai, étant donné le côté récent de votre intérêt et de vos études, si vous pouviez dès à présent voir le plan æthérique, vous deviendriez fou. Il vaut mieux commencer par une visualisation de cet endroit. En progressant dans les exercices de cette leçon et des autres, vous découvrirez que les visualisations précèdent de peu les réalisations, alors tenez bien compte de cet exercice.

Exercice 3 : Imaginer le plan æthérique

Voici un exercice pour vous aider à envisager le plan æthérique en relation avec le monde matériel que nous habitons. Il vous faut pour cela créer une scène æthérique qui corresponde au paysage dans lequel vous êtes déjà. Les premières fois que vous effectuerez l'exercice, utilisez simplement votre imagination pour vous représenter les scènes. Lorsque vous vous sentirez sûr de vos techniques de visualisation, essayez de nouveau cet exercice pour mieux sentir l'omniprésence du plan æthérique.

Quand vous serez un mentaliste accompli, vous serez capable de voir et d'interagir avec les paysages æthériques. Les outils que vous utiliserez seront ceux du mentaliste – la visualisation, la clairvoyance et la projection astrale. Pour le moment, cependant, on vous demandera d'utiliser pour cet exercice un outil que vous possédez déjà : l'imagination. Cela peut vous aider qu'un ami vous lise le texte suivant pendant l'exercice, car la plupart du temps vos yeux seront fermés.

Regardez par la fenêtre, ou, si vous êtes assez chanceux pour lire cela dehors, regardez le plus loin possible. L'endroit que vous avez sous les yeux existe aussi au plan æthérique. Examinez-le en détail. Retenez les dimensions de la scène que vous avez sous les yeux – hauteur, largeur et profondeur du paysage. Quels sont les éléments principaux de la scène ? Quels sont les petits détails qui prennent du temps à remarquer ?

Quand vous penserez avoir une bonne idée de la disposition du lieu, prenez une profonde inspiration. Expirez lentement et fermez les yeux. Dépeignez la scène que vous venez d'enregistrer par la vision. Pensez aux dimensions : hauteur, largeur et profondeur. Rappelez-vous les éléments que vous avez répertoriés et placez-les dans le paysage que vous avez en tête.

Ce paysage mental n'est pas celui que vous avez sous les yeux : c'est un produit de votre imagination. Continuez à respirer profondément. Gardez les yeux fermés et observez votre visualisation mentale en ajoutant à votre paysage imaginaire autant d'objets du paysage « réel » que vous pouvez vous rappeler.

Quand vous estimerez que votre paysage mental est aussi complet que possible, il vous faudra y réaliser un dernier changement. La scène que vous avez bâtie dans votre esprit est une partie du plan æthérique, un monde qui reflète le nôtre. Dans cet endroit, tout semble être fait de lumière. Colorez tous les éléments de votre paysage mental en bleu clair, ou en jaune, ou de la couleur qui vous convient, de façon à conférer à la scène un éclat translucide.

À présent, en maintenant votre paysage mental lumineux au premier plan de vos pensées, ouvrez les yeux et superposez-le à la vraie scène comme si c'était une carapace translucide s'enveloppant autour de tout ce que vous voyez. Si vous êtes en mesure de réaliser cela, vous avez déjà commencé à développer votre faculté de visualisation.

La « double vision » que vous avez créée est imaginaire, mais ce que vous voyez n'est pas que le produit de votre imagination. En réalité, au-delà du côté matériel flagrant de notre monde, existe un autre monde de merveilles et de possibilités : le plan æthérique. C'est un endroit et une sensation, une pensée et une émotion, et toutes ces choses à la fois. C'est la somme totale de la réalité et de la vie elle-même. C'est là l'incarnation la plus pure, et en même temps la plus pratique et réelle, de ce qu'on appelle l'imagination.

Localiser cet endroit

Une autre question à laquelle je suis souvent amené à répondre au sujet du plan æthérique, concerne sa localisation précise. « Où peut bien être ce royaume fantastique ? » se demandent les aspirants à voix haute. La réponse peut à première vue sembler particulièrement énigmatique : « Le plan æthérique est dans de nombreux endroits à la fois. »

Il est important de réaliser que l'emplacement « flottant » où nous avons mis le plan æthérique dans notre visualisation n'est qu'un endroit parmi un nombre infini d'autres où visualiser le plan. En en apprenant plus sur le plan æthérique, vous comprendrez mieux l'omniprésence de cet endroit.

Techniquement parlant, le plan æthérique est au-dessus, en dessous, à côté et au-delà de notre monde, existant partout à la fois, infini et invisible, ou en tout cas invisible pour vous pour le moment. On fait l'expérience du plan æthérique par une prise de conscience à laquelle on parvient par la méditation et la visualisation, ce que nous faisons en ce moment même. Avec de l'entraînement, vous entreverrez le plan æthérique, et avant peu, vous le verrez clairement.

« Que peut m'apporter le plan æthérique ? »

C'est une bonne question, surtout de nos jours, quand le temps est un bien précieux et qu'il en faut tant pour étudier l'æther et le mentalisme.

Voilà votre réponse. Souvenez-vous de toutes les histoires fantastiques que vous avez entendues, de chaque anecdote ou légende contenant des êtres ou des facultés inhabituels. Rappelez-vous tous les exemples de fantôme, de force surnaturelle, de déjà-vu ou de perception extrasensorielle. Savez-vous ce que toutes ces histoires ont en commun, quel facteur repose derrière ces descriptions de prouesses ou d'événements fantastiques ? Si vous ne l'aviez déjà deviné, sachez-le : c'est le plan æthérique.

Toutes les choses tangibles et intangibles de ce monde (être, objets, forces, pensées et émotions) se manifestent sur le plan æthérique d'une manière très puissante. Là, une pensée peut être aussi terrible qu'un ouragan, détruire des villes et ravager des écosystèmes. Les émotions d'une personne peuvent profondément affecter les mouvements d'une autre. Un son peut bâtir une civilisation. Une image peut mettre le feu. Toutes les choses font partie d'un système commun, partagent un langage compris par ceux qui exploitent le pouvoir du plan æthérique.

Cela dit, le plan æthérique est un endroit qu'il n'est pas facile de connaître. Cela demande des années de pratique et d'étude aux aspirants mentalistes. Les fruits de cette étude sont extraordinaires. Car si l'æther et le plan æthérique font partie d'un langage, alors ceux qui parlent ce langage couramment ne sont pas moins que les maîtres de la réalité. Voyez-vous les avantages que vous pourriez tirer de la connaissance d'un tel endroit ?

LA NATURE DE L'ÆTHER

Certains aspirants bien intentionnés m'ont demandé : « De quoi l'æther est-il fait ? » Il aurait mieux valu qu'ils demandent : « Qu'est-ce qui n'est pas fait d'æther ? » Répondre à la seconde question est beaucoup plus facile que de répondre à la première.

L'æther est tout autour de nous et également en nous. Il entoure et imprègne nos corps, notre atmosphère et tout ce qu'il y a entre les deux. Sous la surface de nos pensées, de nos sentiments et de nos mouvements repose l'æther. Il est aussi vivant que n'importe quoi d'autre au monde, car en réalité il constitue toute chose dans ce monde et au-delà.

Pour expliquer quelque chose à une personne matérielle, on doit utiliser des termes matériels. Sachant cela, il vaut mieux penser à l'æther comme à un fluide présent partout. Ce fluide est infiniment malléable et peut changer de couleur et de densité, il peut donc prendre la forme et la consistance de n'importe quoi d'imaginable. De plus, la manière dont une personne perçoit l'æther est assez souvent très différente de la manière dont une autre personne le perçoit. Une substance difficile à saisir en vérité.

Mais l'æther est plus qu'une simple substance. C'est aussi une force, comme le vent ou les courants marins, comme le magnétisme ou l'amour fou. C'est une force qui peut être plus douce qu'une pensée amoureuse ou plus puissante qu'une tempête apocalyptique ; cela dépend de la façon dont on l'utilise.

Dans son état naturel (ou peut-être devrais-je dire dans notre état naturel) l'æther est invisible et impalpable. J'insiste sur le fait que c'est notre état naturel, l'état de corps et d'esprit dans lequel sont la plupart des gens tous les jours de leur vie, qui nous empêche de voir, de toucher et d'expérimenter l'æther de toute autre façon.

On parle d'état naturel de l'espèce humaine à cause de sa connexion avec le monde matériel et la conscience matérielle « naturels ». La pratique du mentalisme élève les états physiques et mentaux de l'homme à un plus haut niveau, les faisant en quelque sorte passer d'un état naturel à un état surnaturel de conscience æthérique. Le mentalisme opère une prise de conscience qui ouvre notre esprit au plan æthérique.

Si vous êtes quelque peu familier avec les principes scientifiques, je suis sûr que plusieurs signaux se sont d'ores et déjà mis au rouge dans votre esprit. Ce discours sur l'æther paraît certainement trop fantastique et incroyable pour être vrai. Tout ce qu'on nous a appris sur la science contredit la théorie du plan æthérique, cependant ce ne sont pas les scientifiques qui nous ont apporté la connaissance de l'æther, mais les mentalistes. Ces hommes et femmes sont les pionniers de cette science nouvelle et pourtant antique : le mentalisme.

Alors que les scientifiques et leurs parasites ne savent pas voir l'æther, les mentalistes entraînés peuvent voir la chose aisément. En tant que mentaliste, le monde est votre atelier et votre terrain de jeu. En tant que manipulateur chevronné de l'æther, et donc de la réalité elle-même, le mentaliste est un des gardiens du monde. Pour le mentaliste, l'æther est la seule chose importante, parce que c'est la substance de base de toute substance.

Par des pratiques strictes de méditation et de visualisation, les mentalistes sont capables de manipuler l'æther à volonté, chacun selon son niveau d'expertise. Les débutants mentalistes sont seulement capables de petites prouesses de manipulation de l'æther ; ceux qui poursuivent leur formation en viennent à maîtriser des prodiges inconcevables pour l'homme moderne. En progressant dans votre étude de l'æther et du mentalisme, votre expertise se développera également.

Tout le monde peut devenir mentaliste, mais peu suivent cette voie. En matière de conscience, les hommes sont une bande de rêveurs et d'endormis. Le mentalisme permet de se réveiller, d'ouvrir les yeux. Malheureusement, ce réveil prend du temps et demande beaucoup d'efforts, étant donné la vision matérialiste du monde dans laquelle nous sommes nés.

Quand vous serez en mesure de voir l'æther clairement et que vous accepterez sa place dans votre vision du cosmos, vous verrez que tout est interconnecté. C'est le but du mentalisme.

L'æther comme substance

L'æther est une matière qui peut prendre n'importe quelle forme, consistance, couleur ou densité. En tant que substance, il est beaucoup plus fin que l'air que nous respirons, plus fin que n'importe quel élément de la classification périodique, plus fin même que n'importe quelle pensée qui nous soit jamais passée par la tête.

Les voyageurs au plan æthérique constatent que cet autre monde est composé de doubles des lieux et des êtres existant dans notre monde. Les choses du plan æthérique sont par nature fantomatiques. C'est comme si la toile d'araignée la plus fine s'était posée sur toute chose terrestre, avait pris la forme de ces choses et s'était envolée, toutes formes intactes.

Cela pour dire que l'æther n'est pas une matière statique. Non, l'æther change constamment sous la volonté des mentalistes mettant leurs compétences en pratique. Pour le mentaliste, l'æther est comme un bloc d'argile qui peut être sculpté par la volonté pure. En se concentrant intensément sur un segment du plan æthérique, un mentaliste contrôle la forme et la densité de l'æther. Et comme l'æther incarne toute chose (objets, sentiments, pensées, actions), le mentaliste qui peut manipuler l'æther contrôle donc aussi ces choses.

Exercice 4 : L'atelier du sculpteur

Cet exercice de visualisation illustre la richesse et la profondeur du plan æthérique. Contentez-vous d'abord de lire la description suivante de façon à comprendre le potentiel de l'æther et de la manipulation æthérique. Plus tard, vous aurez peut-être envie de visualiser la scène et de manipuler l'æther d'autres façons. Quand vous serez prêt à essayer cet exercice en tant que véritable visualisation, commencez par au moins 10 minutes de méditation respiratoire pour vous détendre et débarrasser votre cerveau des pensées qui l'embrouillent. Comme pour les autres exercices de ce livre, vous pouvez demander à un ami de vous lire la description suivante de l'atelier du sculpteur pendant que vous la visualisez.

Si l'æther peut être dépeint comme une substance proche de l'argile, le mentaliste peut être qualifié de sculpteur. Pensez à un atelier de sculpteur en activité, avec d'énormes masses d'argile mouillée et malléable placées partout sur les tables. Essayez de vous représenter l'atelier de façon aussi complète que possible, avec de nombreux détails. Prenez le temps de vous connecter avec ce lieu imaginaire que vous êtes en train de visualiser.

Avec cette image en tête, commencez à changer les objets du studio, l'un après l'autre, en argile. La table en bois et métal à laquelle travaille le sculpteur, par exemple, se transforme, dans votre visualisation, en argile. Le sol de l'atelier devient glissant et poreux, prêt à être façonné. Les murs, les fenêtres et le plafond : de l'argile.

Maintenant imaginez les vêtements du sculpteur devenant argile. Le sculpteur peut les façonner en ce qui lui plaît de porter.

Sa chair, ses os et sa peau, tout son corps, se changent aussi en argile. De la même façon que dans le plan æthérique

tout est fait d'æther, tout ce qui est dans cet atelier de sculpteur est composé d'argile.

Toutes ces choses, maintenant en argile, peuvent être approchées par le sculpteur, et chacune peut être façonnée selon son désir. Il peut modeler une de ses mains en forme d'oiseau, la détacher et la faire s'envoler. Son autre main peut être travaillée en forme de couteau, et, sans four ni lumière du soleil ni même chaleur, le sculpteur peut durcir cette forme et lui donner la densité d'un couteau comme ceux que vous et moi utilisons pour couper les légumes. Avec ce couteau, il peut découper d'autres morceaux d'æther, qui, si votre imagination a poursuivi dans la veine du début de l'exercice, ne comprend maintenant plus seulement les objets physiques de l'atelier, mais aussi l'air, les rayons de lumière pénétrant par les fenêtres et toute la poussière contenue dans ces rayons, la trajectoire de la main-oiseau et les pensées et émotions de tous les êtres doués de sensation de cet atelier.

Passez un peu de temps dans l'atelier du sculpteur et faites-le modifier l'argile autour de lui. Il peut la travailler aisément, comme si c'était très simple. Tout peut arriver dans cet atelier. Laissez aller votre imagination.

Quand vous serez prêt à quitter l'atelier, ramenez vos pensées à votre respiration et méditez pendant au moins 5 minutes avant d'ouvrir les yeux. Cela vous donnera le temps d'intérioriser les possibilités inhérentes à la manipulation de l'æther.

Quelques questions au sujet de l'atelier du sculpteur

Comment le sculpteur peut-il modeler sa seconde main, alors que la première s'est déjà envolée ?

La réponse à cette question tient en la nature même de l'æther. Dans cette visualisation, l'homme n'est pas vraiment un sculpteur travaillant l'argile, mais un mentaliste exerçant son pouvoir sur l'æther. Les choses matérielles, comme les mains, les couteaux et les oiseaux, sont manipulées par d'autres choses matérielles. Mais parce que le sculpteur ne travaille pas l'argile mais l'æther, il peut façonner sa seconde main en utilisant le mentalisme ou « pouvoir sur l'æther ».

Laissez-moi reformuler la question : si les objets matériels nécessitent une manipulation matérielle, et les objets æthériques exigent une manipulation æthérique, comment le sculpteur peut-il modeler sa seconde main (æthérique) quand sa première main (æthérique) n'est plus là ? Il a certainement besoin d'outils æthériques pour travailler l'æther.

Le seul « outil æthérique » dont le sculpteur (mentaliste) ait besoin se trouve être la force mentale qu'il a développée par la pratique de la visualisation. Rappelez-vous que toutes les choses invisibles de l'atelier ont été transformées en argile (æther) au même titre que les choses matérielles. Y compris l'air, les pensées du sculpteur, ses émotions, et ainsi de suite. Toutes ces choses intangibles peuvent être manipulées aussi aisément que les objets physiques de la pièce. Pour un mentaliste, ça ne fait aucune différence.

Dans ce cas, le sculpteur avait-il besoin de changer sa seconde main en couteau, ou aurait-il aussi bien pu utiliser sa faculté mentale pour découper l'æther ?

C'est une bonne question. Le sculpteur n'avait pas vraiment besoin d'un couteau æthérique pour pratiquer des manipulations æthériques. Parfois, cependant, les mentalistes trouvent plus facile de visualiser les outils à leur disposition. C'est un retour à la perception matérialiste quotidienne de la réalité, mais étant donné que nous vivons tous dans le monde matériel, ce monde reporte et influence la manière dont nous visualisons le monde æthérique.

L'æther et le monde surnaturel

L'æther (et sa malléabilité) est à l'origine de tout phénomène que l'on dit surnaturel. Méditez là-dessus. Maintenant que vous connaissez mieux l'æther, il vous est plus facile de comprendre l'existence de métamorphes comme les vampires et les loups-garous. Ces créatures sont tout simplement des mentalistes, qui se sont spécialisés dans la faculté de changer de forme et de personnalité.

Cela pique votre curiosité ? Mais chaque chose en son temps. Pour le moment, sachez ceci au sujet de l'æther :

1. Pour une grande majorité de gens, l'æther est invisible, impalpable et imaginaire. Pour les mentalistes, c'est la seule chose qui existe.
2. Le plan æthérique n'est qu'æther. Sur le plan æthérique, tout (pensées, objets, énergie, gens ou quoi que ce soit d'autre) est essentiellement fait de la même matière.
3. L'æther est une substance qui peut être manipulée mentalement.
4. Plus les facultés mentales du mentaliste sont puissantes, plus ce mentaliste a d'influence au plan æthérique.

Vous aussi serez à même de manipuler cette substance, cette force vitale, en approfondissant vos connaissances sur le pouvoir du mentalisme.

DEUX CORPS, UN SEUL ÊTRE

Quand vous visiterez le plan æthérique, vous serez autre part et pourtant toujours dans ce monde. La nature double de chaque individu fait qu'il ou elle possède un corps matériel (de chair et de sang) et un corps æthérique (l'esprit). Chacun de ces corps se déplace facilement dans son monde propre (matériel ou æthérique) et peut se mouvoir aussi dans l'autre.

L'exercice suivant vous aidera à imaginer votre corps æthérique. Vous allez utiliser ce corps pour vous rendre sur vos lieux de prédilection sans que votre être physique ne quitte l'endroit où vous vous trouvez actuellement. N'écartez pas cet exercice comme « pure imagination », car c'est l'imagination qui alimente le mentalisme.

Si vous vous sentez submergé, retournez aux pratiques initiales dans « les bases de la méditation et de la visualisation ». Comme pour l'exercice précédent, vous pouvez demander à un ami de vous guider, en lisant lentement le texte à voix haute pendant que vous fermez les yeux et visualisez.

Exercice 5 : Visualiser le corps æthérique

Trouvez un coin tranquille où vous pouvez méditer. Fermez les yeux, détendez-vous et respirez en vous concentrant sur votre respiration. Continuez pendant 10 minutes ou jusqu'à ce que vous soyez complètement détendu. Respirez et détendez-vous. Quand vous serez complètement détendu, commencez à exercer votre imagination :

Représentez-vous quelqu'un debout au milieu d'un grand champ. Cette personne est votre esprit. Cette personne est votre corps æthérique. Cette personne, c'est vous.

Vous constatez que vous pouvez mener votre corps æthérique à votre guise. C'est aussi simple que d'imaginer que vous êtes ailleurs, alors que vous êtes là.

Laissez le champ qui vous entoure s'effacer et pensez à un de vos lieux de prédilection. Ce peut être un lieu de villégiature. Ce peut être votre maison ou celle d'un ami. Représentez-vous là-bas, dans une pièce en particulier ou dans un coin tranquille. Tout est-il bien net ?

Vous rappelez-vous clairement cet endroit, ou la scène est-elle floue ?

Regardez autour de vous pour le vérifier.

(Si vous lisez ceci à votre ami, faites une pause d'une minute ou deux et laissez-le errer dans sa visualisation, puis reprenez au paragraphe suivant.)

Après avoir passé quelque temps à regarder autour de vous, pensez à un autre endroit que vous aimez. Cette fois choisissez un lieu public, un magasin dans lequel vous aimez vous rendre ou un restaurant que vous affectionnez. Laisser la vision du premier endroit se dissiper, pendant que la nouvelle vision s'impose à vous. Figurez-vous dans ce nouveau lieu, structurez-le suivant votre imagination, et inspectez-le du regard.

Passez un peu de temps dans ce second lieu. Si vous êtes dans un magasin, regardez tous les étalages, tous ces objets. Si vous êtes dans un restaurant, observez comment sont dressées les tables, les plats sur les tables. Même si vous êtes en train de visiter cet endroit dans votre tête, les choses qui vous entourent semblent très réelles.

Restez-y aussi longtemps que vous le souhaitez. Quand vous serez prêt à partir, laissez se dissiper la scène qui vous entoure, et retournez dans le grand champ d'où vous êtes parti. Vous êtes entouré par l'herbe et les arbres. Le soleil caresse votre peau. Détendez-vous. Détendez-vous.

Lorsque vous serez totalement détendu, concentrez-vous à nouveau sur votre respiration. Reprenez lentement conscience de votre corps physique. Il est assis là ; il respire. Pensez à l'endroit où vous vous trouvez, et reprenez lentement conscience de ce lieu, souvenez-vous ce que cela fait de le voir. Continuez à respirer lentement, et quand vous serez prêt, ouvrez les yeux et revenez au monde matériel.

Félicitations, vous venez de faire votre premier voyage avec votre corps æthérique.

VISUALISATION ET MÉMOIRE

Une bonne mémoire est essentielle au mentalisme. Mieux vous vous souviendrez des lieux et des objets, meilleures seront vos visualisations. Voici quelques exercices pour vous aider à développer vos capacités de mémorisation et de visualisation.

Exercice 6 : Observation et mémoire

Essayez cette expérience pour tester vos pouvoirs d'observation. Asseyez-vous à une table sur laquelle ne repose qu'un seul objet. L'objet que vous choisirez devra être simple, si possible sans pièce mobile. Une balle, un couteau, un plat conviennent très bien pour cette expérience. Voyez combien de temps vous pourrez examiner l'objet avant que vos pensées ne commencent à s'égarer. Pas très longtemps ? Prenez le temps de souffler quelques minutes et essayez à nouveau. Recommencez jusqu'à ce que vous puissiez examiner l'objet pendant au moins 3 minutes. Utilisez un chronomètre.

Après avoir examiné l'objet le temps voulu, mettez-le hors de vue mais gardez-le en tête. Prenez autant de notes que possible sur les caractéristiques physiques de l'objet. Vous avez observé cet objet, vous l'avez examiné pendant 3 minutes. Quelles observations pouvez-vous en tirer ? Pouvez-vous remplir une page de ces dernières ?

Quand vous serez satisfait de vos notes, c'est-à-dire quand vous aurez fini votre catalogue de souvenirs sur l'objet, reposez ce dernier sur la table et examinez-le à nouveau.

Examinez-le 3 minutes de plus, puis revenez à votre feuille, retournez-la et remplissez le verso d'observations supplémentaires.

Exercice 7 : Mémoire du quotidien

En mentalisme, il est souvent nécessaire de visualiser les objets du quotidien, les choses que vous voyez tous les jours, souvent sans y prêter attention. Testez vos facultés en faisant cette expérience simple. Prenez un crayon et un morceau de papier, installez-vous chez vous et dessinez votre porte d'entrée telle qu'on peut la voir de l'extérieur. (Dessinez la porte de derrière si c'est celle que vous utilisez le plus fréquemment.) D'où vous êtes, vous ne devez pas voir la porte ; ne sortez pas la regarder ; n'essayez pas de l'entrevoir par la fenêtre. Contentez-vous de vous asseoir et de dessiner la porte du mieux que vous le pouvez, de mémoire, en n'omettant aucun détail.

Cela devrait être simple, d'accord ? Après tout, vous utilisez cette porte tous les jours quand vous sortez de chez vous et de nouveau quand vous rentrez à la maison. Vous y jetez probablement au moins un rapide coup d'œil au moment d'entrer. Mais combien les hommes sont distraits ! Car, votre dessin achevé, lorsque vous sortirez le comparer à la réalité, il y a de fortes chances que vous y découvriez beaucoup d'erreurs, certaines plus graves que d'autres, dont vous n'arriverez pas à comprendre la raison.

Faites à présent un second dessin de la porte, cette fois en vous asseyant devant et en la prenant pour modèle. Faites un dessin aussi détaillé que possible et faites attention aux choses qui ne figuraient pas ou qui n'étaient pas justes dans votre première version. Intégrez-les à votre dessin.

Le lendemain, installez-vous de nouveau à l'intérieur et dessinez votre porte en ne regardant ni cette dernière, ni les premiers dessins. Faites de nombreuses pauses, fermez les yeux et représentez-vous la porte dans votre tête. Essayez de vous figurer la porte elle-même, pas les lignes de vos premiers dessins. Comparez maintenant le résultat au premier des dessins effectués le jour précédent. Avez-vous commis à nouveau certaines de vos premières erreurs ? Y a-t-il de nouvelles erreurs ? Comparez le dessin avec votre porte, puis dessinez la porte en vous asseyant devant, comme vous l'avez fait hier.

Si vous continuez à faire ces séries de dessins tous les jours pendant deux semaines, votre pouvoir de visualisation se développera énormément et vous permettra bientôt de prendre votre envol vers le plan æthérique.

LES ALLIÉS DU MENTALISME

Si vous êtes arrivé à ce stade de lecture, vous savez à présent que l'æther est une substance qui imprègne toute chose, une matière qui peut être manipulée mentalement, par la volonté, à des fins diverses et dont la pratique est appelée mentalisme. Le type de prouesses décrites dans « l'atelier du sculpteur » peut être défini comme télékinétique par nature (puisque comme en télékinésie on utilise la pensée pour déplacer les objets). Mais la télékinésie n'est qu'une des nombreuses compétences à la disposition du mentaliste.

Ce livre initiera les aspirants à trois des utilisations les plus communes de l'æther, soit : le psychisme, la projection astrale et le spiritisme. Nous vous proposons ici une introduction à ces trois disciplines. Dans ce livre nous explorerons chacune en détail.

Psychisme

Les hommes perçoivent le monde qui les entoure via cinq sens : la vue, l'ouïe, le toucher, l'odorat et le goût. Les mentalistes partagent ces sens avec des humains inexercés (également appelés mondains), mais alors que la gamme de sens à portée du commun des mortels est limitée (il ne voit que ce qui est devant lui, n'entend que les sons à portée de voix) les mentalistes peuvent percevoir les choses à bien plus grande distance, en fonction de leur degré de maîtrise. La voyance (la faculté de voir à distance) et la clairaudience (la faculté d'entendre à distance) sont les aptitudes les plus communément développées, mais beaucoup de mentalistes ont étendu cette compétence au goût, au toucher et à l'odorat.

Avez-vous jamais essayé de deviner combien de doigts un ami cachait derrière son dos ? Il est probable que vous vous soyez trompé, parce que vous ne pouviez voir la main de votre ami. N'auriez-vous pas été stupéfaits, vous et votre ami, si vous en aviez deviné le nombre non pas une mais dix fois consécutives ? Un sens de la voyance bien développé rend cette prouesse non seulement possible mais probable.

En utilisant l'æther de diverses manières, les mentalistes réussissent d'étonnantes prouesses psychiques. Les mentalistes développent leurs facultés mentales avec des cartes de Zener et un travail quotidien de méditation et de visualisation. Les pouvoirs mentaux comme la perception extrasensorielle (EPS), la télékinésie et la transmission de pensée viennent tous du plan æthérique.

Projection astrale

Le plan æthérique n'est pas un simple duplicata statique de notre propre univers. C'est un endroit actif et changeant, regorgeant de possibilités. Des choses impossibles dans le monde matériel sont banales dans l'æther.

En expulsant et condensant un peu de son propre æther, un mentaliste crée un corps æthérique ou astral qui peut se mouvoir indépendamment de la personne physique. Ce corps ressemble beaucoup au corps æthérique que vous avez visualisé dans l'exercice précédent. En utilisant un corps astral, le mentaliste peut se rendre dans des lieux inaccessibles ou dangereux pour le corps physique. Qu'avez-vous besoin d'un vaisseau spatial quand vous avez la possibilité d'aller sur la Lune sans l'aide de quoi que ce soit si ce n'est de votre cerveau ?

La projection astrale est peut-être l'utilisation de l'æther la plus dynamique. Les mentalistes peuvent utiliser la projection astrale pour plonger au fond de l'océan ou pour s'envoler vers l'étoile la plus proche. Pratiquer la projection astrale demande beaucoup de travail et nécessite des visualisations complexes, mais la liberté qui récompense la maîtrise de cette étude est sans égale.

D'autres utilisations de la projection astrale associée au psychisme permettent la voyance, la télékinésie, la téléportation et d'autres prouesses prodigieuses.

Spiritisme

Vous êtes-vous déjà demandé ce que cela doit être de parler avec les esprits des morts ? Peut-être avez-vous assisté à une séance ou utilisé une planchette Ouija pour tenter une telle communication. Que s'est-il passé quand vous l'avez fait ?

Il est possible d'entrer en contact avec les esprits des morts via le plan æthérique. Les mentalistes se connectent au royaume des morts au cours de séances individuelles ou de groupe. Cette étude, appelée spiritisme, est un sujet très controversé chez les mentalistes comme chez les mondains.

Les êtres avec lesquels vous entrez en contact dans le monde spirituel sont constitués de la matière qui fait bouger le mobile sur votre tablette Ouija ou qui maintient vos feuilles de thé au fond de votre tasse. Cette matière est l'æther. Beaucoup de mentalistes croient que nos âmes, une fois désincarnées, vont habiter le monde des esprits et peuvent être contactées par le biais du mentalisme, car nos âmes elles-mêmes sont faites d'æther. Cette croyance est cause de débats sans fin.

Mais les esprits désincarnés des morts ne sont pas les seuls êtres æthériques avec lesquels il est possible de converser par le biais du spiritisme. D'autres êtres æthériques résident ou voyagent également dans le plan æthérique, que ce soit les formes æthériques des mentalistes pratiquant la projection astrale ou les manifestations de puissantes pensées ou de fortes émotions ayant pris une existence indépendante et rudimentaire (comme les esprits frappeurs), ou même les invisibles maîtres secrets qui résident exclusivement au plan æthérique pour l'éternité, guidant et servant de mentor aux aspirants comme aux mentalistes accomplis. Vous apprendrez à communiquer avec tous.

Chacune de ces disciplines réclame un traitement spécifique qu'il convient de suivre pour parvenir aux meilleurs résultats. Les leçons à venir seront consacrées à la projection astrale, au spiritisme et au psychisme.

L'ESPRIT EST MATIÈRE, LA MATIÈRE EST ESPRIT

Si vous n'avez retenu que deux choses de cette leçon, l'auteur espère qu'il s'agit bien de celles-ci : toute création est faite d'une matière appelée æther ; les praticiens du mentalisme peuvent espérer manipuler l'æther à volonté. Ces concepts sont les fondamentaux du mentalisme.

Méditez fréquemment en n'oubliant pas de vous concentrer sur votre respiration. Cette pratique vous aidera à vous détendre et à mieux réfléchir à la nature de l'æther et du plan æthérique. Si vous consacrez chaque jour ne serait-ce qu'une demi-heure à réfléchir aux implications de votre connaissance de l'æther, vous renforcerez votre aptitude au mentalisme en un rien de temps.

LETTRES D'ASPIRANTS

Cher Monsieur,

Pourquoi tenez-vous tant au « æ » de æther ? N'est-ce pas un peu suranné ?

— D. A., San Francisco, Californie

J'ai choisi de commencer le mot en « æ » parce que je voulais différencier ces leçons d'autres théories et que la substance ne soit pas confondue avec la vapeur d'æther, qui mérite un cours à part entière si j'en crois le nombre de courriers que je reçois des fans de l'æther. L'orthographe est également un clin d'œil à mes prédécesseurs des XVIIIe et XIXe siècles, qui écrivaient à une époque qui favorisait les ligatures comme la combinaison « æ ».

Cher Monsieur,

J'ai un problème. Si effectivement le mentalisme est à la portée de tout le monde, alors peut-être est-il possible que ce pouvoir puisse être utilisé par des personnes mal intentionnées ? Le mentalisme est-il utilisé pour faire du mal aux autres ?

— O. S., Iowa City, Iowa

Le mentalisme peut être utilisé pour nuire aux autres, mais heureusement c'est rarement le cas. Comme toutes études et pratiques, notre déontologie de mentaliste reflète notre morale ordinaire. Donc si je suis essentiellement « quelqu'un de bien » qui passe du temps à aider les autres et non à leur nuire, alors mon utilisation du mentalisme reflétera cela. D'un autre côté, si je suis « mauvais », je me servirai certainement du mentalisme au détriment des hommes. Mais dites-vous bien qu'il existe d'innombrables moyens de faire du mal à quelqu'un à peu ou pas de frais, contrairement au mentalisme. Si quelqu'un étudie le mentalisme pour son développement personnel, il y consacre un temps et une énergie qu'il ne pourra consacrer à autre chose. Les pensées malveillantes ou vindicatives desservent l'apprentissage. Le mentaliste chevronné est quelqu'un capable de débarrasser son esprit de toute pensée, bonne ou mauvaise, et de se concentrer sur l'æther.

Cher Monsieur,

Les animaux peuvent-ils manipuler l'æther ? Les plantes le peuvent-elles ?

— N. H., Cleveland Heights, Ohio

Le processus de pensée de la plupart des animaux est trop rudimentaire pour le travail æthérique, ce qui ne veut pas dire qu'il n'y a pas d'exemple de mentalisme chez les animaux. De forts accès émotionnels peuvent déclencher le mentalisme chez les animaux aussi bien que chez les humains. Les plantes, dans l'ensemble, sont trop lentes d'esprit pour qu'on puisse se faire une opinion. Elles manipulent sans aucun doute l'æther, mais les effets sont trop ténus pour qu'on puisse le remarquer. D'antiques êtres matériels comme le séquoia ou la tortue des Galápagos sont de compétents mentalistes dans leurs règnes animal et végétal.

Cher Monsieur,

Que deviennent les vieilles pensées et émotions au plan æthérique ?

— D. I., Boston, Massachusetts

Les pensées vieillissent dans l'æther comme elles le font dans votre tête ; elles finissent par se dissiper et disparaître. Les pensées puissantes durent cependant plus longtemps dans l'æther, comme l'existence des vapeurs (un être évoqué dans le bestiaire æthérique de ce livre) en est la preuve. Toutes les époques historiques, l'équivalent æthérique des émotions, pensées et objets sont évoqués dans les archives akashiques, une sorte de bibliothèque de l'histoire æthérique. Les archives sont accessibles depuis le monde astral et sont un outil très puissant du mentalisme, encore qu'elles puissent être utilisées pour causer d'irréparables torts.

Cher monsieur,

Qu'arrive-t-il à un double æthérique quand son équivalent matériel décède ?

— T. R., Portland, Oregon

Je n'essaie en aucune manière d'éluder le sujet de la vie après la mort. C'est un sujet épineux chez les mentalistes comme chez le reste de l'humanité. Les théories sur l'au-delà varient d'un endroit à l'autre et d'une religion à l'autre. L'âme et le corps æthériques peuvent être pensés comme une seule et même entité. Le corps æthérique vit au plan æthérique tant que son corps matériel est en vie et y reste après la mort. Cette « survie æthérique » tient au fait que nous sommes des êtres doués de sensations. La même chose ne peut être dite de la chaise sur laquelle vous êtes assis ou de la voiture que vous conduisez. Elles cessent d'exister au plan æthérique dès qu'elles sont détruites dans le monde matériel. Les âmes traînent un peu dans l'æther après la mort, jusqu'à ce qu'une nouvelle forme matérielle soit prête à être incarnée. Elles rejoignent alors à nouveau le monde matériel et reprennent leur double nature matérielle et æthérique.

FIAT LUX

DEUXIÈME LEÇON

LES ÊTRES ÆTHÉRIQUES

Le plan æthérique, ses mondes et ses vibrations — Le monde astral
Le monde élémentaire — Le monde élyséen, ou l'Élysée
Une introduction à la théorie vibratoire — Tout est æther
Au-dessus et au-dessous du monde matériel
Vibration élémentaire — Perception et réalité dans l'æther
Fusées d'encre — Un bestiaire æthérique — Esprits animaux
Chiens astraux — Esprits défunts — Devas
Le gardien du seuil — Élémentaux (esprits de la nature)
Élémentaux (formes-pensées) — Faux dieux — Gestalts
Fantômes — Étoiles fantômes — Âmes perdues
Esprits manifestes — Fantômes (doubles de plantes et d'objets)
Esprits frappeurs — Corps projetés de mentalistes — Revenants
Maîtres secrets — Guides stellaires — Vapeurs — Apparitions

« Il est absurde de me demander de me tenir tranquille, répliqua-t-il, regardant, ébahi, cette ravissante enfant qui s'était risquée à lui parler. Totalement absurde. Je dois faire tinter mes chaînes, gémir par les trous de serrure et me promener la nuit, si c'est à cela que vous faites allusion. C'est ma seule raison d'exister. »

OSCAR WILDE, *Le Fantôme de Canterville*

Au cours de vos voyages dans l'æther, vous serez amené à rencontrer un certain nombre d'intelligences tout à fait intéressantes. Selon leur nature, ces créatures seront vos alliées ou tenteront de vous nuire.

Vingt et un de ces êtres susceptibles d'être rencontrés dans les mondes astraux, élémentaires et élyséens sont présentés ici sous forme de guide. Nous n'avons pas encore consacré de leçon particulière à ces royaumes, néanmoins vous trouverez quelques mots au sujet de chacun d'eux juste après l'introduction à ce chapitre.

Aucun bestiaire æthérique ne peut être exhaustif, étant donné le nombre infini de réalités créées par les mentalistes du monde entier. Gardez en tête que le descriptif des créatures et forces présentées ici n'est qu'une compilation de récits rapportés par de précédents voyageurs. Vos propres expériences avec les mêmes êtres peuvent se révéler sensiblement différentes. Nous espérons que ce guide vous donnera un aperçu des intelligences les plus communes que vous pourrez rencontrer au cours de vos expériences avec l'æther et vous fournira un modèle pour la classification d'êtres æthériques dont personne n'a encore croisé la route.

LE PLAN ÆTHÉRIQUE, SES MONDES ET SES VIBRATIONS

Le plan æthérique comprend toute réalité. Pour la plupart des Terriens, la réalité semble se borner aux limites de leur environnement matériel. Cela n'est pas une obligation. Car la connaissance de l'æther vous permet de découvrir et d'explorer une quantité d'autres mondes. Comme nous avons déjà discuté en détail des fonctions et qualités du plan æthérique, vous savez sûrement maintenant que ce monde est un lieu différent du monde que nous appelons le nôtre et qu'il est cependant le seul vrai monde qui soit.

Quand vous avez visualisé votre corps æthérique dans les leçons précédentes, vous avez fait un voyage imaginaire. Vous serez bientôt en mesure de faire de pareilles incursions dans des mondes peu éloignés du monde matériel, des royaumes liés à nous par l'æther. Il sera fait référence à ces mondes au cours des exercices à venir ; il est donc important que vous soyez capable de les différencier. Voici une brève description de chacun des mondes dont nous allons parler. Les faits relatés plus bas devraient vous donner une idée des différents plans et de l'environnement d'origine des intelligences décrites dans le bestiaire æthérique présenté par la suite.

Le monde astral

Comme le plan æthérique lui-même, le monde astral paraît parfois être fait de lumière. D'autres fois, il ressemble beaucoup au monde matériel. Le monde astral est un conduit, une autoroute quadridimensionnelle qui nous autorise un libre passage vers d'autres parties du monde matériel ainsi que vers l'Élysée. Sur le plan vibratoire, c'est le monde qui se rapproche le plus du nôtre et qui s'avère le plus facilement accessible.

Grâce à une légère modification de la conscience, en général atteinte par la méditation, quelqu'un peut modifier les fréquences vibratoires de son corps et voyager dans le monde astral. On appelle cela la projection astrale.

Les gens visitent parfois le monde astral sans le faire exprès, projetant leur corps astral d'une manière spontanée. Cela arrive habituellement pendant le sommeil ou dans l'état hypnagogique entre veille et sommeil. Certains théoriciens croient que les rêves sont en réalité des voyages astraux. Bien qu'un voyage dans le monde astral puisse sembler irréel, votre auteur n'adhère pas à l'idée que les rêves et la projection astrale soient une seule et même chose.

Le monde élémentaire

Sur terre, les substances que nous appelons élémentaires ont été répertoriées par le philosophe Empédocle d'Agrigente (490-435 av. J.-C.) qui défendait l'hypothèse que toute chose matérielle était une combinaison de quatre substances de base : le feu, l'air, l'eau et la terre, qu'il appela éléments.

Les éléments d'Empédocle sont au cœur de nombreux systèmes de croyance, dont l'hermétisme et les religions de notre monde. Il se peut que l'association des croyances des praticiens de ces systèmes ait créé le monde élémentaire, ou peut-être qu'il a toujours existé et a créé une foi sur terre afin de se maintenir. Tel est le pouvoir de la foi.

En progressant dans vos études æthériques, vous aurez peut-être envie de voyager dans le monde élémentaire. Il est divisé en quatre royaumes de taille égale, un pour chacun des éléments. Le moins que l'on puisse dire c'est que ces royaumes sont des environnements hostiles. Chacun de ces royaumes élémentaires est majoritairement composé de la forme la plus pure de cet élément. Un voyage au plan terrestre, par exemple, ne révélera qu'une matière solide semblable à la pierre s'étendant à perte de vue. Cette singularité désoriente vite l'esprit et entrave les mouvements. D'autres parties de ces royaumes sont constituées de combinaisons élémentaires simples, dont l'empire de la vapeur, par exemple, ou celui de la poussière sont le résultat. Si les étudiants en mentalisme les plus avancés sont encouragés à visiter les royaumes élémentaires, il est conseillé aux débutants de garder leurs distances. Le prochain exercice de cette leçon vous donnera un avant-goût de la vibration de l'élément terre sans vous mettre en danger.

Le monde élémentaire abrite les élémentaux, des esprits de la nature qui visitent le plan matériel pour s'acquitter de tâches au nom du feu, de l'air, de l'eau ou de la terre.

Le monde élyséen ou Élysée

Le monde élyséen, aussi appelé Élysée, est le moins connu de tous les mondes æthériques, car c'est le plus éloigné de notre monde matériel. C'est la dernière demeure des esprits enfin libérés, le royaume consacré des âmes délivrées des obligations du monde matériel, ou de tout autre d'ailleurs. Pour cette raison notamment, le voyage dans l'Élysée est très dangereux et par conséquent le moins documenté.

L'Élysée abrite les esprits de ceux qui sont morts à jamais. Ceux qui « vivent » là n'attendent ni la réincarnation, ni la résurrection, ni quoi que ce soit de ce genre. Leurs cycles éternels ont pris fin. L'Élysée accueille aussi le panthéon grec et toutes les créatures sylvestres subordonnées aux dieux : centaures, faunes, nymphes et autres. Là-bas, ces êtres ressemblent aux personnages décrits dans les mythes grecs et remplissent des fonctions similaires. Si vous avez la chance de les rencontrer, vous les reconnaîtrez tout de suite, mais vous les trouverez peut-être légèrement différents de ce à quoi vous vous attendiez.

Même le voyage vers l'Élysée le plus minutieusement préparé est soumis aux puissantes forces qui gardent la place. Il existe un champ de Léthé aux abords de la fréquence élyséenne. Cette vibration, qui doit son nom au Léthé, le fleuve de l'oubli dans la *Divine Comédie* de Dante, est responsable d'une dégradation rapide des fonctions mémorielles à court et long terme du cerveau humain, souvent au point que les gens n'ont plus aucun souvenir de leur séjour dans l'Élysée. Une étude trop poussée de la nature du monde élyséen est, selon l'auteur, une entreprise imprudente pour les mentalistes de moins de 20 ans d'expérience.

UNE INTRODUCTION À LA THÉORIE VIBRATOIRE

Tout est æther

La différence entre les plans matériel, astral, élémentaire et élyséen est principalement vibratoire. Tous les mondes sont constitués d'æther, mais l'æther y vibre à une fréquence propre à chacun d'eux. Quand vous entrez en contact avec n'importe lequel des autres mondes, votre corps æthérique se met à vibrer à une fréquence différente de sa fréquence habituelle, celle qui nous rive au monde matériel. Ces subtiles différences de vibrations nous permettent de voir au-delà du monde matériel et au sein de l'æther.

Comme l'intitulé de cette leçon l'indique, vous en saurez bientôt plus sur les intelligences que vous rencontrerez dans vos études de mentalisme. Les termes « être æthérique » sont un peu équivoques, car où que vous alliez, dans ce monde ou un autre, vous êtes toujours dans l'æther. À dire vrai, nous sommes tous des êtres æthériques. La différence entre nous tient en notre fréquence vibratoire habituelle.

Les êtres qui vibrent sur la fréquence du monde matériel vous sont familiers, parce que vous êtes vous-même une de ces créatures. Les plantes, les animaux, les insectes et les microbes partagent aussi ce monde. Les intelligences peuplant les mondes astraux, élémentaires et élyséens existent uniquement aux fréquences spécifiques à ces plans. De cette manière, les êtres indigènes au monde astral ne rencontreront jamais d'êtres du monde élémentaire sans l'intermédiaire du mentalisme, et inversement. Les mentalistes, quoi qu'il en soit, bénéficient du meilleur des mondes car ils peuvent « accorder » leurs corps aux fréquences de n'importe quel autre monde, même si ce n'est que pour un temps limité.

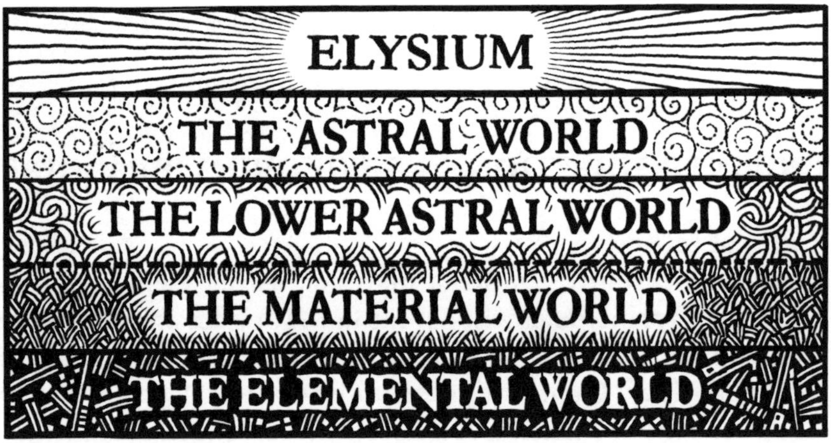

Malgré l'impossibilité pour la plupart des êtres æthériques d'adopter la fréquence vibratoire d'un autre monde, certains d'entre eux visitent le monde matériel. Le plan matériel agit comme une sorte de lieu de rendez-vous interplanaire, où les êtres élémentaires, élyséens et astraux peuvent se retrouver. Certaines intelligences supérieures telles que les êtres d'exception que sont les maîtres secrets sont affranchies de ce genre de restrictions et peuvent aisément aller et venir d'un monde à l'autre.

La carte fournie ici simplifie et compare les échelles vibratoires de l'æther, et montre à quel monde elles correspondent. Considérez-la comme une carte du plan æthérique qui indiquerait, plutôt que les distances, le terrain que quelqu'un doit traverser pour se rendre d'un lieu à l'autre. Notez que le monde matériel, l'endroit où nous vivons au quotidien, est situé entre le bas du monde astral et le monde élémentaire. Dans notre vie de tous les jours, chacun de nous vibre sur l'échelle de fréquence du monde matériel. Si ce n'était pas le cas, nous cesserions d'exister ici-bas.

Aucune fréquence n'est répertoriée sur cette carte, car les hommes n'ont aucun instrument leur permettant de mesurer les vibrations en dehors du monde matériel et par conséquent aucun moyen de les quantifier. En attendant, nous devons nous contenter de dire que plus le monde est placé haut sur la carte, plus la fréquence qui lui est associée est haute (ou rapide). Pensez à chaque monde comme à un état de la conscience, ou un état d'esprit, si vous voulez. Cela vous aidera à comprendre non seulement la relation entre la pensée et le lieu mais aussi la relation entre l'état d'esprit et l'existence.

Au-dessus et au-dessous du monde matériel

Regardez la carte. Vous remarquerez tout de suite que le monde élémentaire se situe sous le monde matériel, vibrant à une fréquence plus basse que vous et moi ne le faisons. Tout comme on expérimente le monde astral à une fréquence vibratoire plus élevée, plus fine, on visite le monde élémentaire en accordant l'esprit et le corps un ton en dessous (à une fréquence plus basse).

La frontière entre les fréquences matérielles et les fréquences du bas-astral est la plus traversée par les hommes. La barrière entre ces deux mondes est plus poreuse que les frontières entre les autres mondes de l'æther. C'est dans le bas du monde astral que les projections astrales rudimentaires ont lieu et s'accordent à la vibration des sujets en état d'hypnose. C'est une passerelle vers le monde astral et le monde élyséen plus élevés.

Les fréquences astrales basses abritent les esprits des humains décédés qui n'ont pas terminé leurs affaires sur terre. Les esprits encore connectés à leurs possessions ou à la vie mortelle sur terre résident à cette échelle de fréquence et sont appelés revenants. Nous pouvons communiquer plus efficacement avec les revenants et les autres esprits quand nous vibrons à une fréquence similaire à la leur. On y arrive d'habitude par la méditation.

Dans le monde matériel, certains hommes vibrent naturellement à une fréquence proche de la limite haute ou basse de l'échelle de fréquence matérielle. Leur existence en est affectée et on les identifie souvent assez facilement. Les cultures anciennes reconnaissaient de tels hommes et femmes comme shamans et se rendaient auprès d'eux pour des conseils spirituels. Aujourd'hui, les hommes dont la fréquence vibratoire s'approche des deux extrémités de l'échelle ont un grand potentiel pour le mentalisme. Dans le meilleur des cas, ceux qui vibrent sur de hautes ou basses fréquences sont supérieurement intelligents et intuitifs, ressentant des choses que d'autres ne ressentent pas. Dans le pire des cas, ces hommes sont tristement enclins à la schizophrénie et à la démence.

Exercice 8 : Vibration élémentaire

Dans la nature, nous sommes entourés de roches, de terre, de vent et d'eau. C'est notre préoccupation de la représentation matérielle des éléments qui nous empêche d'expérimenter leurs antécédents subliminaux dans le monde élémentaire. L'utilisation de la méditation et de la visualisation pour passer d'une compréhension matérielle d'une substance élémentaire telle que la terre à une compréhension æthérique de la même matière constitue une bonne préparation au voyage dans l'æther.

Mettez un peu de terre dans une assiette et asseyez-vous à une table, comme si vous étiez sur le point de manger. Sans toucher le matériau, examinez-le attentivement. N'utilisez que votre vue et votre odorat, et pour les autres sensations, laissez votre imagination remplir les manques.

Que savez-vous de la terre ? Quelles sont ses propriétés ?

Quelles sont ses limites ? De quoi la terre est-elle constituée ? Qu'est-ce qui la différencie du reste du monde ?

Si le sol représente l'élément de la terre, en quoi est-il différent d'une flamme, d'un verre d'eau ou d'une brise, chacun représentant un autre élément ? Prenez le temps de vous poser ces questions, et toutes celles qui vous viennent à l'esprit.

Quand vous aurez regardé attentivement la poignée de terre et réfléchi à ces questions pendant plus de cinq minutes, vous serez sans doute déjà entré dans une sorte d'état méditatif. Soyez attentif à votre respiration et concentrez-vous sur la poignée de terre devant vos yeux. Continuez votre examen tout en méditant, et essayez de ne pas bouger. La terre est immobile. C'est une matière inerte ; elle soutient tout ce qui vit au-dessus, en dessous et en elle. Respirez lentement, profondément et sentez votre conscience se rapprocher de la nature de la terre.

Maintenant fermez les yeux et méditez sur les nouvelles découvertes que vous avez faites sur la terre. Quel effet cela ferait d'être constitué de cette matière ? Respirez et concentrez-vous sur votre respiration. À chaque inspiration, votre mental s'enrichit davantage des qualités de la terre, riche, solide et minérale. Votre conscience se ralentit, se rapprochant de la vibration submatérielle du royaume élémentaire de la terre. Le sentez-vous ?

Bien sûr que oui. Restez sur cette fréquence vibratoire réduite pendant quelques minutes avant de ramener lentement votre conscience à une vibration matérielle normale. Il vaut mieux revenir à votre conscience matérielle en douceur, en vous figurant vos membres et organes internes passer lentement de l'état de roche et de terre à celui de chair et de sang.

Lorsque vous aurez regagné votre corps et votre état d'esprit habituels, couchez sur papier vos impressions concernant votre expérience vibratoire élémentaire. Si vous le désirez, vous pouvez envoyer une copie de vos notes à l'auteur. Essayez de nouveau cet exercice plus tard et voyez si vous remarquez de nouvelles choses.

PERCEPTION ET RÉALITÉ DANS L'ÆTHER

Parce que, sur le plan æthérique, tout est fait d'æther (objets, actions, pensées, émotions et autres), la perception relative de la réalité est extrêmement importante, car les pensées d'un être modifient la nature de la réalité de tous ceux alentour.

La nature consensuelle de la réalité se vérifie également dans le monde matériel, jusqu'à un certain point. Les constructions sociales régissant le travail, les relations aux autres et la vie quotidienne contraignent nos actions et, qu'on le veuille ou non, nos pensées et nos sentiments. Les mots d'une personne peuvent affecter nos émotions, et le regard d'une autre peut nous mettre certaines idées en tête.

Si elles sont provoquées par des moyens externes, certaines pensées sont inévitables. Si je dis : « Gardez-vous bien de penser à des éléphants roses marchant sur une corde raide ! », vous ne pourrez vous empêcher de faire exactement le contraire. Dans vos pensées, les pachydermes se balancent sur la corde haute. Vous ne pouvez faire autrement, parce qu'on vous a donné l'instruction très spécifique de ne pas le faire. Vos pensées vont au sujet évoqué dans la phrase. Il n'y a pas moyen d'éviter de penser aux éléphants roses marchant sur une corde raide, ou en tout cas il est inévitable de penser aux éléphants avant de penser à quelque chose d'autre. Même l'acte conscient de ne pas penser aux éléphants roses marchant sur une corde raide vous est impossible, parce que vous allez d'abord penser à la chose à laquelle vous êtes supposé ne pas penser.

Tout comme les éléphants roses ne vous viennent pas à l'esprit si vous ne pensez pas à ne pas penser à eux, votre réalité æthérique sera protégée si vous allez dans l'æther sans notions préconçues de ce que vous allez y trouver. Malgré toutes les instructions données dans ce livre, les interprétations individuelles sont reines dans l'æther. Ce livre ne peut vous procurer qu'un système de référence. Rien n'est plus important que votre propre expérience.

Dans l'æther, les pensées errantes sont comme les chiens errants. Elles peuvent s'ensauvager tout comme les chiens, pour le meilleur ou pour le pire. Dans l'æther, où les apparences peuvent masquer les intentions, vous ne pouvez vous fier à ce que vous voyez.

« Pourquoi alors un bestiaire æthérique ? » pouvez-vous vous demander. C'est une bonne question, parce qu'à première vue, cette leçon ressemble à un cours d'histoire naturelle sur les créatures du plan æthérique. En fait, il ne s'agit pas du tout de ça. Les entrées ci-dessous sont proposées comme cadre au voyageur æthérique pour lui permettre de comprendre les rôles joués par les habitants des mondes élémentaire, astral et élyséen. Il ne s'agit pas d'un texte normatif qui doit annuler votre propre jugement quand vous rencontrerez ces créatures.

Les mentalistes débutants doivent rester très prudents en s'approchant d'êtres æthériques plus puissants. Une créature avec un bon contrôle de la théorie æthérique aura toujours le dessus sur un mentaliste moins compétent. L'æther n'est pas un endroit où l'on peut jouer les bravaches et les téméraires à l'approche d'intelligences supérieures.

La première rencontre avec un être æthérique supérieur provoque toujours un choc mental chez l'æthérique inférieur. Le choc laisse la même impression que lorsqu'on croit être seul et que l'on s'aperçoit soudain qu'il y a quelqu'un tout près. Certains ont comparé la sensation à celle éprouvée lorsqu'on se fait réveiller en état d'hypnagogie entre la veille et le rêve. Un peu de la même façon, un choc æthérique ramène souvent brusquement le mentaliste à son corps matériel. Un choc plus léger est ressenti lorsqu'on s'accorde à une fréquence non matérielle, mais ce choc ne fait en général pas revenir votre conscience sur terre.

L'échelle joue un rôle dominant dans l'æther. On ne peut jamais présumer que les choses auront la même ampleur que sur terre. Et cela parce que dans l'æther la manifestation de l'échelle est soumise aux pouvoirs de la pensée, de l'émotion et de la perception. Là, le temps peut être déformé, aussi bien que l'espace. Dans l'æther, quelque chose qui paraît dominer un visiteur peut sembler minuscule à un autre. Comme pour toute chose æthérique, l'échelle est tout entière dans la tête du mentaliste, et pour grande partie dans la tête de ceux qui l'entourent.

Exercice 9 : Fusées d'encre

Essayez cette expérience, qui illustre la représentation de la conscience sur le plan æthérique. Remplissez d'eau une bassine ou un grand bol. Laissez tomber dans l'eau une goutte d'encre bleue. Voyez-vous comment l'encre explose au moment de l'impact avec l'eau, coule par le fond et lance des fusées bleues dans toutes les directions ? Votre conscience fuse de la même façon quand vous voyagez dans l'æther, influençant les autres consciences qu'elle rencontre.

Maintenant laissez tomber une goutte d'encre rouge dans le bol, près de la bleue. Des rivières d'encre rouge et bleue s'entremêlent maintenant dans l'eau, chaque goutte explose et se déploie dans un enchevêtrement de rubans. À certains endroits les deux couleurs se rencontrent et en forment une troisième. Finalement, quand les encres se dissipent, l'eau du récipient se teinte légèrement de la couleur combinée des deux encres. Ainsi les pensées se rencontrent et sont échangées dans l'æther.

Quand deux êtres se rencontrent sur l'un ou l'autre des plans, ils partagent une réalité consensuelle formée par la combinaison de leurs facultés mentales. Cette réalité *gestaltiste* affecte les formes et les propriétés des choses, ainsi que le son, la couleur, la lumière et la pression atmosphérique. La réalité d'un mentaliste moins compétent visitant l'æther sera toujours soumise au pouvoir d'un être disposant d'une commande plus forte sur l'æther. Il est donc très facile pour un mentaliste expert de contrôler la réalité d'un mentaliste moins capable s'il se trouve à proximité. Les mentalistes débutants devraient faire extrêmement attention au voisinage de tous les êtres æthériques, car il y en a beaucoup qui ne désirent rien d'autre que votre totale destruction.

UN BESTIAIRE ÆTHÉRIQUE

Dans les pages suivantes vous seront présentées un certain nombre d'intelligences résidant dans l'æther. Ce petit bestiaire n'est en rien exhaustif, mais il détaille certains des habitants les plus éminents des mondes astral, élémentaire et élyséen. Les descriptions et illustrations données ici sont le résultat d'interviews avec des mentalistes qui ont rencontré lesdits habitants et, par conséquent, présentent plusieurs points de vue. Utilisez cette liste comme référence pour vos rencontres avec ces créatures, mais recherchez les qualités propres des esprits et entités individuelles. Tous sont des êtres vivants, et tous ont des manies tout comme vous et moi.

Esprits animaux

Les animaux ont des doubles æthériques tout comme n'importe quoi d'autre sur terre. Quand un animal meurt, son double continue à vivre dans l'æther, se manifestant au monde matériel quand nécessaire.

Contrairement aux esprits humains, qui peuvent hanter les sites de leur vie terrienne pour remplir des devoirs karmiques, les esprits animaux existent surtout pour aider les humains, en s'acquittant d'un certain nombre de fonctions. Un esprit animal peut servir de gardien, de chien de rapport ou de messager. Ces fonctions sont des tâches innées des âmes animales, non des habitudes, donc aucun dressage n'est nécessaire. En réalité, le plus souvent les esprits animaux aident les humains sans y avoir été incités par un mentaliste.

Les esprits des animaux défunts peuvent être contactés lors de séances formelles ou peuvent apparaître spontanément aux gens ayant côtoyé l'animal durant sa vie. En ce qui concerne les animaux de compagnie, les maîtres sont souvent les seuls humains ordinaires (non mentalistes) capables de voir l'animal après sa mort.

Visuellement, un esprit animal garde la taille et la forme de l'animal vivant, quoique son corps soit translucide et de couleur pâle. Comme les autres fantômes, les esprits animaux émettent une faible lueur et sont plus visibles dans le noir qu'en plein jour. Quand un esprit animal entre dans une pièce, la fréquence vibratoire de l'æther de la pièce s'élève légèrement, augmentant l'électricité statique. Au voisinage d'un esprit animal, les animaux vivants réagissent majoritairement comme ils le feraient si l'animal était physiquement présent (un chat se hérissera à l'approche de l'esprit d'un chien par exemple).

Les esprits animaux ne vont pas souvent dans l'Élysée après la mort. Ceux qui le font sont souvent des esprits « d'animaux éternels », comme le phoenix, la manticore ou le griffon, qui prennent la forme d'animaux inférieurs pendant un temps donné dans le monde matériel. D'autres esprits animaux dans l'Élysée jouent les serviteurs auprès de maîtres et autres esprits humains hautement évolués.

Les chiens astraux

Résidant principalement dans les profondeurs du désert astral, les chiens astraux sont des intelligences très évoluées. Ce sont des créatures solitaires, absolument pas enclines à vivre en meute comme les chiens du monde matériel.

Un chien astral se manifeste dans le monde matériel sous la forme d'un grand chien noir de la taille d'un petit cheval. Il peut apparaître sous toute espèce de grand chien, mais c'est toujours un mâle. Sur terre, un chien astral parle couramment la langue de l'être humain qu'il rencontre.

Les chiens astraux ne viennent pas sur terre à moins d'y avoir été appelés. Les mentalistes peuvent faire appel aux chiens astraux via un régime très éprouvant de méditation et de jeûne qui dure trois jours. Le rituel d'appel diminue tellement le mentaliste physiquement et mentalement que lorsque le chien arrive, le mentaliste ne constitue pas une grande menace. Un chien appelé se manifestera sous la forme d'un grand chien noir et s'assiéra calmement aux côtés de son nouveau maître.

Une fois appelé, le mentaliste qui l'a fait venir pourra demander au chien d'accomplir une tâche en échange d'une part de son æther personnel. Les chiens astraux sont des gardiens, messagers, détectives, conseillers et tueurs très efficaces et ne trahiront pas le maître qui les a appelés même si on leur fait une meilleure offre.

Un chien astral peut se déplacer très rapidement et peut dématérialiser son corps physique aisément pour accomplir sa tâche. Reprendre son corps astral permet au chien de voler, de se téléporter ou de traverser les murs.

L'arrivée d'un chien astral est précédée par un courant d'air frais accompagné d'une forte odeur métallique qui mettent un peu en garde ceux destinés à rencontrer la mystérieuse et dangereuse créature.

Les esprits défunts

La vie après la mort des humains se déroule dans les autres mondes. Les qualifications exactes pour une assignation dans les mondes astral, élémentaire ou élyséen sont tellement complexes et alambiquées qu'aucun spécialiste n'a jamais pu les publier. Une théorie contredit l'autre, et toutes sont fausses. C'est la raison pour laquelle nous avons la religion. Contentons-nous de dire qu'après la mort, le corps æthérique de la personne quitte le monde matériel pour mener une existence dans un des autres mondes. Jusqu'à ce qu'il revienne habiter une autre forme matérielle, au moyen de la résurrection ou de la réincarnation, on appelle ce corps un esprit défunt.

En vous déplaçant par les mondes dans votre corps projeté, vous rencontrerez des âmes qui ont un jour vécu dans le monde matériel. Elles ressemblent assez aux corps astraux projetés, et sont souvent d'un gris terne. La plupart du temps ces esprits ne feront pas attention à vous. L'au-delà est plus comme une antichambre que comme un cocktail, après tout.

Certains cas de corps astraux emprisonné par des âmes en échange de leur liberté ont été rapportés ; les mentalistes doivent donc être très précautionneux quand ils rencontrent une nouvelle âme. Quand cela arrive, le corps projeté est détaché de sa forme matérielle terrestre, et l'âme perdue retourne sur terre pour habiter sa nouvelle forme. Ce type d'échange est peut-être à l'origine des phénomènes de changelin dans certaines cultures.

Devas

Les immortels et insondables devas (également appelés anges) sont les gardiens de l'æther. Ils se situent juste en dessous des maîtres secrets dans la hiérarchie æthérique, et ils travaillent en harmonie les uns avec les autres pour mener à bien le plan impénétrable de l'univers. Les contacts entre humains et devas sont peu communs, quoique récemment il y ait eu une grande résurgence d'intérêt populaire pour les anges.

Bien que le deva n'ait pas de forme visible, il est généralement conforme à l'idée que s'en fait celui qui le voit. Une forme communément répandue est celle d'un très bel être humain androgyne mesurant 3,5 m. Quand ils n'ont pas besoin de prendre forme, les devas sont invisibles et indétectables. Dans le cas contraire, la forme est en fonction de la tâche, et le deva peut être abstrait ou simplement ordinaire selon le besoin.

Tout est possible pour le deva. La réalité se courbe et s'étire selon son bon vouloir. Au besoin, les devas peuvent créer des formes de vie (végétale, minérale, animale ou humaine) à partir de l'æther pour remplir les besoins d'un plan céleste, y compris l'envoi d'un individu à travers son ancien karma.

Les devas peuvent êtres invoqués par le biais d'une méditation et visualisation intenses (de la forme d'une prière, si celui qui y fait appel l'invoque par le biais de la foi religieuse) et arriveront si le besoin de l'appelant est sincère. Les requêtes les plus communes des devas sont la protection et le conseil. Les devas n'interviennent pas dans les misérables plans de vengeance des mortels. Tout le travail qu'ils effectuent vise au bien de l'univers.

Le gardien du seuil

Lors de vos voyages astraux, vous arriverez très vite à un endroit de l'æther qui, bien qu'il ait l'air nouveau, vous semblera très familier. C'est le seuil.

Au cours de nos vies sur terre, chacun de nous accumule un important bagage psychique. Ce karma nous accable et nous empêche de pousser plus avant notre étude de l'æther. Comme toute chose, ce fardeau existe sous une forme tangible sur le plan æthérique. Sous cette forme, votre passé est le gardien, un être æthérique qui hante le seuil et vous fige sur place.

Le gardien du Seuil n'a qu'une seule raison d'être : empêcher les mentalistes de progresser dans leurs études jusqu'à ce qu'ils se soient débarrassés du bagage qu'ils traînent avec eux. Il n'y a qu'un gardien, mais aucun voyageur ne le voit de la même façon. À certains, il apparaît sous les traits d'un monstre terrifiant. Pour d'autres, c'est une montagne ou un mur infranchissable.

Le temps n'existe pas au Seuil. Passé et présent se confondent et le voyageur doit affronter et réconcilier les deux avant de pousser plus avant son expérience du mentalisme. À l'occasion d'une ou de plusieurs rencontres, le voyageur est confronté à ce qui a été sa vie jusqu'alors et commence à entrevoir une vie nouvelle sur la voie du mentalisme. C'est un processus difficile pour tout le monde, mais lorsque vous serez venu à bout du gardien, votre compréhension de l'æther en sera considérablement approfondie.

On ne vous en dira pas plus, pour ne pas entacher votre rencontre avec le gardien, qui sera aussi singulière que vous l'êtes.

Élémentaux (esprits de la nature)

Les vrais élémentaux sont des esprits de la nature personnifiant les quatre éléments matériels. Ils se manifestent sous la forme de salamandres (élément du feu), de sylphes (élément de l'air), d'ondines (éléments de l'eau) et de gnomes (éléments de la terre).

Dans la vibration matérielle, ils se présentent comme une masse grossière de leur élément. Quelquefois ils paraissent énormes, d'autres fois ils sont infinitésimaux. Les élémentaux ne parlent pas la langue des hommes et le langage élémentaire est incompréhensible. Cela dit, la communication télépathique avec les élémentaux est assez efficace, si le mentaliste est accordé à leur fréquence vibratoire basse.

Les élémentaux protègent des sites naturels, passant du monde élémentaire au monde matériel. Les élémentaux ne se rencontrent jamais dans le monde élyséen ou le monde astral. Leur travail dans le monde matériel n'est motivé ni par l'émotion ni par l'intellect, car les élémentaux sont dépourvus de l'un comme de l'autre. Mais ils sont au seul service de leur élément et exécutent leur rôle dans le plan de l'univers avec une efficacité acharnée.

Les royaumes du monde élémentaire sont des milieux incroyablement hostiles aux humains. Là-bas, n'importe quel objet ou être est immédiatement éliminé, un peu à la manière dont notre corps lutte contre les maladies. Les mentalistes voyageant dans le monde élémentaire se prémunissent contre cette fatalité en vibrant à la fréquence exacte de cet élément. S'ils faiblissent, soit ils fuiront vers un monde adjacent soit leur vibration s'altérera et ils mourront.

On peut faire appel à de plus petites versions des élémentaux au cours de séances de spiritisme ou de cérémonies types. Par télépathie, on peut leur ordonner d'exécuter de petites tâches, mais ils sont instables et imprévisibles, et peuvent se montrer destructeurs si on les laisse sans surveillance. Les esprits de la nature élémentaires ne doivent pas être confondus avec les formes-pensées élémentaires (voir entrée suivante).

Élémentaux (formes-pensées)

S'il y a une leçon à retenir du mentalisme, c'est que le cerveau humain a des pouvoirs phénoménaux sur les matériaux qui nous entourent. La forme-pensée élémentaire est la manifestation de ce principe. Bien qu'étant différente des esprits du monde élémentaire, la forme-pensée exécute ses tâches avec la même efficacité.

Les formes-pensées élémentaires sont créées au terme d'une session d'intense concentration qui dure une pleine journée. Un ou plusieurs mentalistes se concentrent sur une pensée ou une émotion particulière. Une fois matérialisée, habituellement sous une forme abstraite, l'élémental a besoin d'attention pour se maintenir en vie. Cette attention d'entretien n'a pas besoin d'être aussi forte que la concentration nécessaire à la création de l'élémental. Un mentaliste peut s'arranger avec un autre pour entretenir l'élémental, chacun d'eux méditant tour à tour.

Bien que les élémentaux soient mués et ne comprennent pas les langues, ils sont très réceptifs aux ordres télépathiques. Le mentaliste qui a créé l'élémental peut lui confier des tâches trop dangereuses ou trop difficiles pour le corps matériel du mentaliste.

Plus on se concentre sur l'élémental, plus il s'accroît, plus on le néglige, plus il rapetisse et devient imprévisible. Si la concentration est interrompue, l'élémental s'échappe et fait des dégâts. Les élémentaux égarés perdront peu à peu leur pouvoir, mais le mentaliste qui les a créés devra les détruire par la visualisation pour ne pas provoquer d'incidents majeurs.

Les formes-pensées élémentaires ne sont pas toujours créées intentionnellement. Souvent, elles sont le produit d'un cerveau focalisé sur une forte émotion comme la jalousie, l'amour ou la haine. Les formes-pensées élémentaires apparaissent parfois quand deux amoureux se rencontrent pour la première fois, distillant une irrépressible bienveillance, ou à la veille de la guerre, propageant la peur. Des prisonniers ont créé des élémentaux d'une façon spontanée, des paraplégiques l'ont fait également.

Faux dieux

Comme la plupart des humains sont faciles à contenter ! L'argent, les biens matériels et les attentions des autres sont un jeu d'enfant pour un être æthérique accompli. Ainsi, même des esprits mineurs peuvent facilement accéder à beaucoup de nos souhaits matériels. C'est pourquoi le génie est une figure si puissante dans la mythologie arabe mais n'est pas considéré comme un dieu.

À dire vrai, les dieux ne visitent pas très souvent la terre. Ils ont des avatars et des devas pour porter leurs messages et, la plupart du temps, choisissent de les utiliser. En conséquence, les mentalistes devraient se méfier de toute visite d'une intelligence æthérique ou matérielle prétendant être un dieu, car en réalité n'importe quel être æthérique décidé à tromper les hommes peut emprunter ce subterfuge. Comme la grande majorité de l'humanité n'a pas d'interaction régulière avec le surnaturel, peu d'êtres æthériques peuvent duper le monde en utilisant des facultés qui paraissent surprenantes comme preuve de leur divinité.

Le Trickster est un exemple de faux dieu. L'archétype du Trickster est commun à de nombreuses mythologies terrestres. Chez les chrétiens c'est le diable, chez les Vikings, Loki, et chez les Indiens d'Amérique, le coyote. Tous trois sont des entités particulières et distinctes, mais toutes tirées de la même énergie primitive. Vu l'universalité de sa présence, il ne serait pas surprenant que votre chemin æthérique croise celui du Trickster un jour ou l'autre.

La rencontre avec le Trickster peut survenir dans le monde matériel ou un autre. Bien qu'il n'existe pas en soi d'endroit idéal pour rencontrer le Trickster, celui qui croisera sa route s'en sortira en général un peu mieux si le face à face a lieu dans son propre monde. Fidèle à lui-même, le Trickster prendra l'apparence de quelqu'un ou de quelque chose qui vous est familier, la meilleure façon de prendre l'avantage sur vous. Vous gérerez cette rencontre à votre convenance. Les mythologies du monde nous ont appris que l'honnêteté est, à la fin, généralement payante.

Gestalts

Quand un être æthérique entrera en contact avec une autre volonté vibrant à une fréquence similaire, chacune influera sur l'autre de quelque manière. La réalité se plie d'innombrables façons aux volontés en conflit dans une zone donnée du plan æthérique, mais l'un des résultats les plus fascinants est la création d'un gestalt.

L'intelligence æthérique appelée gestalt est une quantité d'æther douée de sensation qui se sépare de la réalité formée par les volontés d'au moins deux êtres æthériques. Par essence, le gestalt est l'enfant illégitime d'une union æthérique non intentionnelle et en lui se conjuguent plusieurs des attributs les moins reluisants des formes-pensées élémentaires et des esprits frappeurs (se référer à ces entrées). Comme l'élémental, le gestalt est contrôlé par la concentration. Comme l'esprit frappeur il est puéril et présente souvent des tendances destructrices.

Heureusement, la durée moyenne de vie d'un gestalt n'est en général que de quelques secondes. Ceux qui subsistent plus longtemps en viennent très vite à attirer à eux de l'æther d'autres parties du plan et finissent par développer des personnalités, intellects et émotions qui leur sont propres et se distinguent de celles de leurs « parents » æthériques. Plus le gestalt est développé, plus il est difficile à contrôler via le mentalisme.

La vapeur est une version plus dispersée, mais plus vigoureuse du gestalt (voir entrée).

Fantômes

Le terme « fantôme » englobe plusieurs des êtres que vous rencontrerez dans l'æther. Cette catégorie comprend les esprits manifestés, les revenants, les spectres et les âmes perdues, pour ne citer que ceux-ci. Vous trouverez dans le manuel une entrée pour chacune de ces créatures.

Un fantôme est généralement composé de l'infime quantité d'æther restant à un être matériel après que son âme ou son esprit (aussi appelé corps æthérique) l'a quitté. La part de corps æthérique subsistant après la mort devient parfois visible dans le monde matériel et porte le nom de fantôme. Même si les rencontres avec les fantômes les plus célèbres ont eu lieu dans le monde matériel, on trouve aussi des fantômes dans les mondes astral, élémentaire et élyséen.

Dans la littérature et la mythologie, la présence des fantômes, bien que souvent terrifiante, nous assure de l'existence d'un monde au-delà de celui que nous pouvons voir et toucher.

Les étoiles fantômes

Les doubles que l'on trouve au plan æthérique ne sont pas tous issus du système solaire que vous et moi appelons le nôtre, loin de là. À travers les galaxies, des millions d'étoiles naissent, vivent et meurent. Tous leurs pouvoirs, actions, histoires et (d'après certains) intelligences sont reflétés au plan æthérique, qui n'est limité ni dans le temps ni dans l'espace.

Les étoiles fantômes sont les rémanences æthériques d'étoiles ayant achevé leur cycle de vie. Elles restent près du lieu où ont vécu les étoiles et communiquent avec les êtres æthériques alentour.

Certains mentalistes ont dit avoir réussi à communiquer avec des étoiles fantômes ou au moins avoir deviné les pensées de ces spectres insondables. Les étoiles fantômes peuvent être utilisées comme une sorte de banque de données, car leurs souvenirs englobent l'histoire tout entière du système solaire dont elles ont un jour été le centre. Les mentalistes qui sont allés au contact d'une étoile fantôme peuvent aussi l'utiliser comme source d'énergie pour voyager plus loin dans l'æther. Même s'il n'existe pas de textes de mentalistes ayant utilisé l'énergie d'une étoile fantôme pour se rendre aux frontières de l'univers, un tel voyage est en théorie possible.

Votre première rencontre avec une étoile fantôme sera à n'en pas douter éprouvante, comme l'atteste le témoignage de Terry K., un mentaliste de Philadelphie :

Ma première rencontre avec les vestiges æthériques d'une étoile s'est produite lors d'une session astrale au cours de laquelle j'avais l'intention de visiter la Russie antique. Lorsque mon corps astral et mon corps physique se sont séparés, je me suis rendu compte que quelque chose n'allait pas. J'ai senti une série de petits coups dans mon corps astral, comme si quelque chose me tirait vers le ciel.

Mes souvenirs sont flous, mais j'ai vu la Terre disparaître à la manière d'une pièce jetée au fond d'un puits pendant que je quittais ce monde et me précipitais, à l'aveuglette, dans l'espace. En un éclair j'ai dépassé la Lune où je m'étais rendu lors d'un précédent voyage astral. Mars et Jupiter se sont rapprochées avec un empressement alarmant.

Je ne suis pas astronome, je n'ai donc aucune idée de ma position dans l'espace quand je me suis enfin arrêté presque une heure plus tard. Pour une raison ou une autre, j'ai su qu'à proximité reposait une étoile morte. Il n'y avait pas de lumière alentour, mais il n'y avait pas non plus de trou noir, juste un vide matériel inimaginable rempli de cris perçants incessants. Je suis resté là à peu près vingt minutes, à flotter dans l'espace et m'imprégner des sons.

La sensation de tiraillement a repris, mais cette fois elle me tirait vers la Terre. J'ai laissé faire et je suis revenu bien plus vite que je n'étais parti. J'étais de retour en moins d'une heure. Même si j'allais vite, le retour à mon corps physique s'est fait sans heurt.

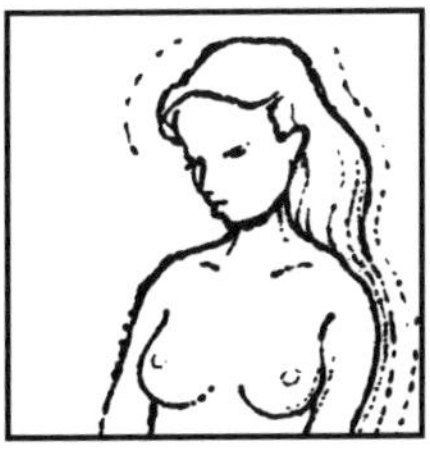

Âmes perdues

Une âme perdue est un corps æthérique ayant complètement ou presque complètement quitté le corps matériel sans le tuer. Le corps matériel continue à vivre mais s'en trouve nettement affaibli. Dans certains cas la personne tombe dans le coma. Parfois elle passe son temps à dormir, et quand elle est éveillée, réagit faiblement ou mécaniquement aux stimuli.

On ne sait pas trop pourquoi un corps æthérique quitterait son hôte matériel et s'il s'agit d'une action volontaire ou non. Quelquefois la séparation coïncide avec une blessure grave, une mort imminente, ou un choc psychique traumatisant. Dans ces cas, on peut en déduire que le corps æthérique s'est dégagé trop tôt, pensant la mort inévitable.

On trouve les âmes perdues errant sans but dans l'æther et elles ne sont pas utiles à grand-chose. Elles sont en général aussi affaiblies et déroutées que leurs homologues matériels. Un mentaliste expérimenté peut convaincre les âmes perdues de retourner dans le monde matériel, mais parfois les âmes restent sur l'idée qu'elles sont supposées être mortes et opposent une résistance à la réintégration.

Il est important de ramener une âme perdue à son corps matériel aussi vite que possible, car le corps matériel peut être considéré à tort comme mort et détruit.

Esprits manifestés

Le spiritisme est l'art d'entrer en contact et de communiquer avec les morts, plus précisément avec les corps æthériques (ou esprits) ayant quitté les ex-vivants. Les mentalistes accordent leur conscience, individuellement ou en groupe, à la vibration d'un des autres mondes et projettent une sensation de chaleur et d'ouverture, espérant attirer l'attention d'un ou de plusieurs esprits. Cette pratique est appelée séance et s'avère un outil utile pour parfaire sa connaissance de l'æther ou pour communiquer avec les êtres chers ayant quitté le monde matériel.

Les êtres qui répondent à l'appel de la séance et se manifestent dans le monde matériel ne sont pas toujours animés des meilleures intentions envers le mentaliste. Même si un sentiment d'amour est requis pour attirer l'attention des esprits, les esprits qui se présentent ne sont pas forcément ceux espérés.

En vérité, les esprits les plus enclins à répondre à l'appel sont ceux qui, de quelque manière, restent attachés au monde matériel. Le bas du monde astral, qui est le plus proche du monde matériel, abrite toute sorte d'esprits qui ont encore des affaires à régler ici-bas. Les âmes des assassins et de leurs victimes, les rancuniers et les malveillants font tous partie de cette catégorie. Leur karma n'a pas été résolu de manière satisfaisante et ils demeurent près de la vibration matérielle dans l'espoir que quelqu'un leur viendra en aide. Ne vous laissez pas manipuler par ces esprits.

Tout comme un cri parvient d'abord à celui qui se trouve le plus près de nous, même s'il est destiné à un ami plus éloigné, les appels dans l'æther atteignent nos voisins æthériques les plus proches, mais pas nécessairement les plus chers. Cependant, la séance reste un outil utile pour recueillir des informations et communier. Il est plus prudent de le laisser aux mains d'individus aguerris.

Fantômes (doubles de plantes et d'objets)

Les doubles æthériques ne se limitent pas le moins du monde aux êtres vivants. Les équivalents æthériques des objets inanimés sont également appelés fantômes.

Les Égyptiens et autres civilisations anciennes croient aux fantômes au point d'enterrer de la nourriture et des outils avec les morts, dans l'espoir que les doubles æthériques des objets de tous les jours aideront les esprits dans le monde suivant. Cela nous parle à tous, en vérité. Pensez aux objets matériels qui définissent votre existence. Nous nous lions tous très tôt à des choses inanimées, les jouets de l'enfance en premier lieu.

Les objets nous procurent du confort et un point d'ancrage dans nos vies et ils nous aident à nous définir.

Avez-vous un passe-temps ? Si votre passe-temps est l'ébénisterie par exemple, vous savez que les outils que vous utilisez sont essentiels à l'activité. Pouvez-vous imaginer une vie sur ce plan ou un autre sans de tels objets ? Ces outils servent l'imagination et donnent un sens à nos vies.

Le mentalisme nous apprend que toutes les choses existent essentiellement dans notre perception de la réalité. Les objets matériels (outils ou jouets) nous attachent au matériel et y fixent notre attention. Les mêmes objets existent dans l'æther et peuvent y être utilisés avec un effet similaire.

Les fantômes des objets naturels comme les pierres et les arbres sont des pierres de touche très efficaces sur le plan æthérique. D'anciens sites sacrés comme Stonehenge ont un équivalent æthérique, un endroit du plan æthérique où l'énergie est amassée et concentrée. Les druides de Bretagne exercent plus souvent leur magie dans l'équivalent æthérique de Stonehenge que parmi les pierres brutes et l'herbe de cette terre, aussi magnifiques soient-elles.

Esprits frappeurs

Le phénomène æthérique connu comme esprit frappeur est un esprit parasite qui s'attache à quelqu'un, prélevant son æther pour l'utiliser à des fins chaotiques qui lui sont propres.

On trouve habituellement les esprits frappeurs dans les foyers avec des enfants prépubères ou des adolescents. Les enfants de ces âges peuvent être incontrôlables et destructeurs, et leur moi æthérique reflète ce comportement, attirant l'esprit frappeur. Pendant l'adolescence, nos corps se transforment d'une manière étrange et nouvelle.

Nos corps æthériques changent aussi, et malgré tous nos efforts nous ne pouvons les contrôler.

L'esprit frappeur s'attache à un membre de la famille et déclenche des crises de télékinésie incontrôlées, projetant des objets et parfois d'autres membres de la famille à travers la maison.

Émotionnellement parlant, l'esprit frappeur est plus immature que les autres esprits.

La plupart du temps, on ne peut le calmer, mais, comme avec les cas de suicide hystérique, il peut être ramené à la raison par un mentaliste expérimenté. Les esprits frappeurs n'ont pas de formes physiques ou visibles. Ils sont « vus » par leurs actions, projetant des objets ménagers alentour comme une mini-tornade. Les crises des esprits frappeurs sont habituellement sporadiques et s'étalent sur un certain nombre d'années. Si un hôte (un membre de la famille) est identifié comme manifestant un esprit frappeur, il est important de ne pas rejeter sur lui la responsabilité de la destruction, car cela ne ferait qu'augmenter la fréquence et la sévérité des crises.

Une autre théorie du phénomène de l'esprit frappeur veut que la famille soit sous l'effet d'une hallucination collective, une distorsion de tout l'æther du foyer, tandis qu'un ou plusieurs membres de la famille mettent tout sens dessus dessous dans la maison. Une fois passée la crise destructrice, la famille revient à la réalité et ne se souvient de rien, hormis du fait que quelque chose est venu ravager la maison. Même les observateurs impartiaux appelés à la maison pour constater le phénomène y succombent, se rappelant à peine la cause de la destruction. Cette théorie semble indiquer une possession, peut-être par un esprit malin ou une forme-pensée élémentaire vagabonde.

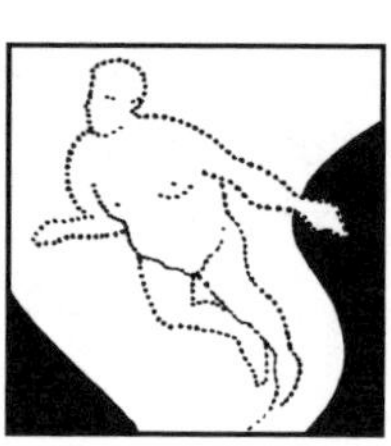

Corps projetés de mentalistes

Saviez-vous que vous faites partie des créatures appelées « êtres æthériques » ? Une partie de vous l'est, au moins. Quand vous projetez de l'æther de votre corps matériel, votre forme rejoint les rangs des esprits morts ou vivants qui hantent les plans. Sachant cela, tout voyageur astral devrait se sentir plus à l'aise lors de son voyage.

Quand vous serez dans l'æther, vous rencontrerez à n'en pas douter les corps projetés d'autres mentalistes. Voir ces corps n'est pas plus perturbant que de voir une autre personne lorsque vous marchez dans la rue. Bien que les visages et les formes soient légèrement différents sur le plan æthérique de ce qu'ils sont dans leurs manifestations matérielles, quand vous rencontrerez le corps astral d'un ami, vous le reconnaîtrez sur-le-champ comme le sien, tout comme vous faites la différence entre vos amis et les autres gens dans la rue.

Parce que ces êtres æthériques sont des manifestations de la conscience humaine, ils suivent des codes de conduite humains, pour le meilleur et pour le pire. Ainsi donc, faites confiance à ces mentalistes æthériques ou méfiez-vous-en, comme vous le feriez de quiconque.

Revenants

Les revenants sont le type de fantômes le plus couramment décrits par les adeptes du spiritisme. Ce sont des esprits (corps æthériques) d'humains qui restent attachés à certains lieux ou objets après la mort. Ils oscillent dans l'intervalle entre le monde matériel et le monde astral, flottant dans les fréquences astrales basses, faisant des incursions occasionnelles dans l'échelle vibratoire matérielle et apparaissant sous forme de silhouettes translucides et vaporeuses. Les revenants sont parfois les esprits d'assassins tourmentés par leurs crimes. D'autres revenants sont les âmes des jaloux ou des rancuniers, des êtres qui envient et haïssent les vivants et qui, par conséquent, sont très dangereux. Un revenant si malveillant qu'il s'en prend aux êtres vivants est appelé un spectre (voir entrée).

Ces êtres æthériques désespérés veulent souvent quitter le lieu qu'ils hantent dans le monde matériel, mais ils ne le peuvent à cause d'une dette karmique qu'ils doivent honorer. D'autres peuvent les aider à la régler. Comme les revenants sont souvent poussés par nature à une faute qui les obsède, les mentalistes devraient répondre à leurs supplications spectrales et les aider s'ils désirent se faire aider d'eux en retour. Les revenants sont une précieuse source d'information en ce qui concerne le plan æthérique et l'histoire du lieu qu'ils hantent. En échange de leur libération, les revenants peuvent également être « embauchés » pour hanter quelqu'un ou collecter des informations inaccessibles au mentaliste.

Les revenants sont les êtres æthériques les plus populaires en littérature. Presque toutes les histoires de fantômes parlent des revenants et de leurs situations désespérées. Dans *Le Fantôme de Canterville*, Oscar Wilde prend le parti de rire d'un de ces êtres qui a besoin de la prière d'une petite fille pour que son âme puisse reposer en paix.

Les maîtres secrets

Mystérieux, lointains, distants, suprêmes. Tous ces adjectifs ont été utilisés pour décrire les plus éloignés des êtres æthériques appelés maîtres secrets. Des rumeurs abondent sur leur vraie nature, mais rien ne sert de se perdre en conjectures. Les maîtres existent, et nous ne saurons peut-être jamais rien de plus à leur propos.

Les maîtres commandent les devas (voir entrée) et, ce faisant, le sort de l'univers. Ils envoient leurs devas pour corriger les déséquilibres de l'æther, délivrer des messages aux autres êtres et intervenir dans la résolution karmique des âmes. Quand un maître considère un message ou une autre tâche trop importants pour être confiés à l'un de ses angéliques serviteurs, il se charge lui-même du travail. Des maîtres sont apparus aux humains au cours de l'Histoire, leur dictant souvent de nouvelles doctrines de vie sur terre et donnant ainsi naissance à de nouveaux courants de la pensée æthérique. La grande fraternité blanche et le A.'.A.'. d'Aleister

Crowley doivent tous deux leur existence à de telles dictées æthériques.

Les maîtres sont une exception à la règle du voyage interplanétaire vibratoire. Comme le mentaliste le plus expérimenté, un maître se déplace facilement d'un endroit à l'autre et d'un monde à l'autre selon son bon vouloir. Alors que, le plus souvent, on rencontre les maîtres dans le monde matériel et le monde astral, ils peuvent apparaître n'importe où dans l'æther.

Les guides stellaires

Même les devas (voir entrée) ne sont pas infaillibles. Ou plutôt, en dépit de leur dévotion aux maîtres, les devas ont un esprit en propre. Les devas « obstinés », comme on les appelle dans le jargon, sont souvent supprimés par leurs pairs. Ceux qui échappent à ce sort se retrouvent seuls, bannis pour toujours de la compagnie de leur ancienne ligue.

Ces anges déchus sont appelés guides stellaires. Libérés du joug de leurs maîtres et du grand plan de l'univers, ils suivent leur propre voie et assistent les mortels dont les intentions sont proches des leurs. Même si le Lucifer de la Bible appartient à cette catégorie, les guides stellaires ne sont pas nécessairement malveillants. En vérité, en tant que catégorie, ils n'ont jamais été considérés comme tels. Quoi qu'il en soit, l'éthique d'un guide stellaire n'est souvent guère éloignée de celle des mortels qu'il contacte. Il a tendance à s'intéresser aux progrès mentaux et æthériques des humains plutôt qu'aux progrès du plan de l'univers.

Quand vous parlez à un guide stellaire, il est facile de vous faire croire que vous communiquez avec un deva ou même avec un de ses maîtres. En vérité, les guides stellaires sont responsables de nombreuses doctrines humaines et on prend souvent leurs messages pour la parole d'un dieu. Faites preuve de discernement (voir l'entrée « faux dieux ») et espérez que tout se passera pour le mieux.

Les guides stellaires sont des créatures extrêmement mystérieuses, n'apparaissant qu'à ceux qui peuvent les aider. Ils peuvent apparaître sous différentes formes : animaux, humains, divinités inférieures, créatures mythologiques, fantômes et esprits ne sont pas rares. Parfois les guides stellaires se font connaître à travers l'écriture automatique, les lettres précipitées et moyens similaires.

Les mentalistes entrent en relation avec les guides stellaires à leurs risques et périls. L'Histoire est pleine d'hérétiques tués par leurs confrères au nom d'un dieu. Ceux qui suivent les conseils d'un guide stellaire risquent le châtiment de pouvoirs supérieurs.

Vapeurs

Comme vous le savez à présent, toutes vos pensées, émotions et actions sont reflétées au plan æthérique. Quand nous cessons de penser quelque chose ou que nous perdons un sentiment que nous avions, il reste pendant un moment au plan æthérique avant de se dissiper. Cela rend le plan æthérique riche de souvenirs, émotions et pensées oubliés.

Il est courant que ces vieilles notions se croisent au plan æthérique. Quelquefois, quand ces pensées errantes se rencontrent, elles se combinent en une étrange alchimie. Une nouvelle personnalité en naît, aveugle et hésitante, mais douée de sensation. Ces personnalités sont les vapeurs.

Alors que les gestalts (voir entrée) sont formées par la volonté d'un ou plusieurs êtres æthériques, les vapeurs peuvent se former spontanément à tout moment. Les pensées d'un homme mort depuis longtemps peuvent se combiner avec celles d'un enfant vivant. Les derniers mots de Napoléon peuvent fusionner avec les émotions d'Aristote.

La plupart des vapeurs sont inoffensives. Elles peuvent se manifester dans le monde matériel sous la forme de brouillard, d'une vague vision, d'un bruit peu audible ou d'un vent léger. Quand elles sont imbues de forts sentiments, les vapeurs peuvent être dangereuses. La présence de colère ou de haine dans une vapeur peut l'amener à traquer des mortels et à les faire suffoquer, par exemple. Heureusement, les vapeurs sont facilement contrôlées et dispersées par les mentalistes confirmés.

Spectres

Les spectres constituent une certaine catégorie de revenants, déterminés à tuer tout mortel qui s'approche de chez eux. Comme tous les revenants, les spectres sont attachés au lieu matériel et æthérique qu'ils ont habité avant leur mort. Les spectres sont rancuniers et malveillants à cause d'une vie matérielle malchanceuse et ils ne peuvent reposer en paix avant d'avoir payé leur dette karmique. Le phénomène du spectre est certainement responsable des légendes de vampires communes à différentes cultures.

Il est impossible de régler leurs problèmes pour eux sans de suprêmes efforts, et il serait idiot d'essayer à moins que cela ne soit absolument nécessaire. Alors que les revenants cherchent à se faire aider par des humains pour se libérer de leurs liens, le spectre se débrouillera plutôt tout seul, en utilisant l'æther d'un être matériel.

Les spectres méprisent les vivants et tuent les humains et autres êtres matériels pénétrant leur domaine en les vidant de leur æther. Ce prélèvement d'æther affaiblit la victime et augmente la tangibilité du spectre. Si un spectre vide une victime de tout son æther (et ce faisant la tue), il se matérialise sur le plan matériel au point de pouvoir se mouvoir et interagir avec les objets matériels aussi aisément que quiconque. Les spectres gardent leur æther volé près de leurs formes et peuvent le disperser ou le ramasser à leur gré, ce qui leur permet de voler, devenir invisibles ou s'introduire dans des trous de serrure ou sous les portes. C'est sous cette forme que le spectre est le plus dangereux.

La meilleure défense contre un spectre est de s'éloigner de lui au plus vite. Si vous rencontrez un spectre dans le monde astral, arrêtez de vous projeter et retournez immédiatement à votre corps matériel. Le drainage d'æther pourra être contrecarré par un fort contre-mentalisme, qui s'avérera plus efficace s'il est effectué depuis votre corps matériel.

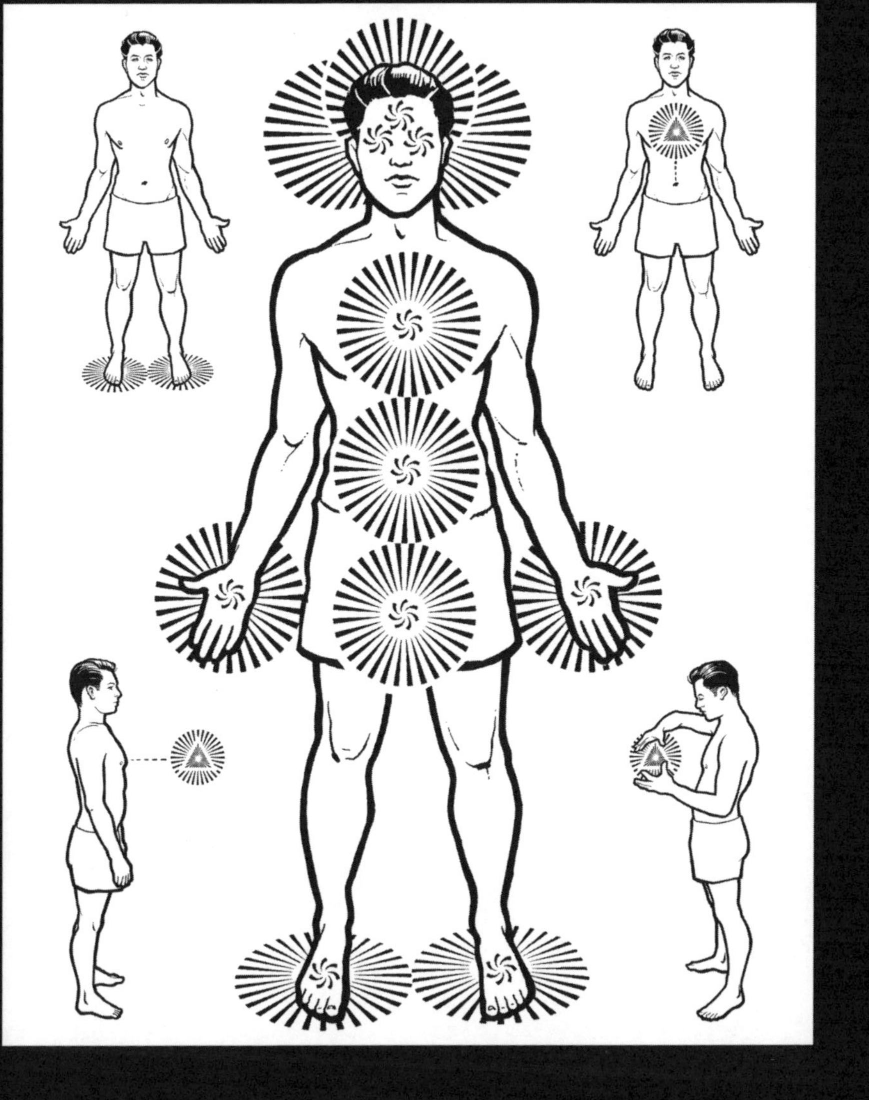

IN SILENTIO ET SPE

TROISIÈME LEÇON
EXERCICES ÆTHÉRIQUES

Entrer dans les vibrations astrales basses
Les liens æthériques du corps — Le lien du front
Les liens de l'œil — Le lien de la poitrine — Le lien du nombril
Le lien de l'organe sexuel — Les liens de la main
Les liens du pied — Activer les liens æthériques
Exercices journaliers pour mentalistes — La douzaine æthérique
Psychismes de départ — Un premier exercice de clairvoyance
Un premier exercice en télépathie — Un premier exercice en télékinésie
Mettre en place sa routine quotidienne — Un matérialisme sain

« Chacun tient la fin de son champ d'observation pour le bout du monde. C'est aussi inévitable dans le domaine intellectuel qu'au point de vue physique l'illusion qu'à l'horizon le ciel touche la terre. »

ARTHUR SCHOPENHAUER, *Éthique et Politique*

JUSQU'À PRÉSENT nous avons exploré la nature du plan æthérique et de ses habitants. Cette partie approfondit le sujet, expliquant comment l'æther et le mentaliste interagissent.

Cette leçon propose un programme par étapes à ceux qui veulent réaliser leurs premières prouesses de mentalistes dans l'æther. C'est dans le bas-astral que vont s'effectuer ces tours de force, et le premier exercice de cette leçon explique comment s'y rendre et en revenir.

Nos corps disposent des outils nécessaires pour passer dans l'æther. Chacun de nous possède dix centres distincts d'énergie psychique. Ces centres sont appelés « liens æthériques » et correspondent à des parties de notre corps physique, dont les mains, les yeux et les pieds. Tout comme nous interagissons avec le monde matériel en utilisant les parties de nos corps matériels, nous expérimentons l'æther et nous y déplaçons en utilisant nos liens æthériques. Le chapitre de cette leçon intitulé *Les liens æthériques du corps* vous présente ces points de votre corps, détaillant les fonctionnalités de chacun d'entre eux.

La section centrale de cette leçon est très importante : elle propose douze exercices quotidiens à l'aspirant mentaliste. Surnommés « la douzaine æthérique », ces exercices renforcent les liens du corps entre le monde æthérique et le monde matériel. Avec la pratique régulière de ces techniques simples, votre connaissance de l'æther s'approfondira d'une manière exponentielle.

Quelques expériences rudimentaires de psychisme sont également présentées dans cette leçon ; des prouesses mentales qui deviennent comme une seconde nature pour les mentalistes expérimentés. Grâce à la pratique et à la concentration, vous apprendrez à réaliser des prouesses simples de clairvoyance (visualiser des endroits éloignés), de télépathie (parler et entendre par la pensée) et de télékinésie (déplacer des objets par la pensée).

Exercice 10 : Entrer dans les vibrations astrales basses

Voici un exercice absolument essentiel pour vos progrès en mentalisme. Cette technique porte la vibration de votre conscience à celle du bas-astral, où se réalisent les prouesses de base en mentalisme. C'est l'exercice que vous devez exécuter en tout premier lieu. Si vous avez effectué l'exercice de vibration élémentaire proposé dans le chapitre *Êtres æthériques*, cet exercice de vibration astrale devrait vous sembler facile, car les deux pratiques sont très semblables.

Comme l'exercice de vibration élémentaire, l'exercice de vibration astrale amène la vibration de votre cerveau à une zone de fréquence contiguë à votre échelle de vibration naturelle dans le monde matériel. La fréquence du monde élémentaire est plus lente que celle du monde matériel ; donc quand vous étiez dans le monde élémentaire vous abaissiez la vibration de votre cerveau pour atteindre une quelconque fréquence sur l'échelle élémentaire. Avec l'exercice proposé ici, vous allez considérablement augmenter la vibration de votre cerveau, l'élevant à l'échelle de fréquence du bas-astral.

Il serait bon de réaliser l'exercice à l'endroit où vous méditez depuis que vous avez commencé vos études æthériques. Si vous le pouvez, ouvrez une fenêtre dans la pièce pour laisser entrer une petite brise. Si c'est impossible, utilisez un ventilateur. N'importe quel ventilateur fera l'affaire, mais plus il sera silencieux, mieux cela sera, car les bruits mécaniques peuvent vous distraire pendant votre méditation.

Vos méditations se sont jusqu'ici surtout focalisées sur votre respiration. Ce n'est pas par hasard. La respiration et l'air lui-même sont de parfaites métaphores de l'æther. L'air est quelque chose qui ne se voit pas, mais qui peut charrier des odeurs et des gaz légers comme la fumée. De la même façon, l'æther peut être chargé de propriétés. Dans cet exercice vous utiliserez votre respiration et l'air ambiant pour parvenir à une vibration non matérielle, accordant votre conscience à une fréquence à l'échelle juste en amont du seuil du monde matériel, le royaume du bas-astral.

Tenez-vous dans un coin de la pièce balayé par la brise. Fermez les yeux et commencez votre méditation, en vous concentrant sur votre respiration. Détendez-vous, respirez lentement et sciemment, et laissez vos pensées se concentrer sur le mouvement d'inspiration-expiration. Continuez jusqu'à ce que vous soyez complètement détendu et veillez à ce que votre esprit reste entièrement concentré sur votre respiration.

Maintenant laissez votre attention vagabonder vers la brise qui se déplace dans la pièce. Dans le monde astral, tout ce que vous rencontrez paraît être entre l'état solide et l'état gazeux. Les formes et consistances des choses changent selon l'idée que vous (et ceux qui vous entourent) vous en faites.

Prêtez attention à la brise qui effleure votre peau ou fait bouger vos vêtements. Ne considérez pas la brise comme un petit vent mais plutôt comme une vague de liquide bleu. Ne vous en faites pas, vous n'allez pas vous noyer : vous pouvez respirer ce liquide. Des choses comme cela sont possibles dans l'æther. La vague déferle autour de vous, par-dessus vous et sous vous. Vous flottez immobile au milieu d'une mer de ce liquide. À chaque souffle, il emplit vos poumons, puis se retire. C'est un fluide particulier. Il vous rend plus alerte et énergique que vous ne l'êtes d'habitude.

Continuez à respirer à un rythme mesuré, même si la sensation que vous donne la vague vous grise. Le liquide déferle sur vous et emplit vos poumons, et votre corps adore la sensation. Vous remarquez que non seulement votre peau picote, mais que l'intérieur de vos poumons picote également lorsque ces derniers absorbent l'énergie. C'est une sensation qui s'étend lentement mais sûrement à la fois vers l'intérieur depuis la surface de votre peau et vers l'extérieur depuis l'intérieur de vos poumons, jusqu'à ce que tout votre corps soit absolument animé et rayonnant d'énergie.

Cette sensation est le résultat d'un changement subtil de vibration. La vague dans laquelle vous êtes immergé est faite de pur æther. C'est l'æther du bas-astral, et au moment même où la sensation d'énergie s'empare finalement de votre corps tout entier, vous entrez mentalement dans le monde astral. Réaliser cela produit parfois un tel choc qu'il peut vous arracher à votre méditation. Résistez à cela. Rappelez-vous plutôt que vous avez toujours le contrôle absolu de votre cerveau et de votre corps et que vous pouvez retourner dans le monde matériel quand vous le voulez.

Conservez cette nouvelle vibration au moins une minute. Qu'éprouvez-vous face à cette sensation nouvelle ? De là où vous êtes vous pouvez exécuter n'importe quel autre des exercices de cette leçon. Il serait bon d'essayer cette vibration comme point de départ pour expérimenter d'autres exercices de ce livre. Faites ce qui vous plaira, c'est votre esprit et votre corps, après tout.

À moins que pour une raison ou une autre vous soyez brusquement revenu au monde matériel (ce qui est traumatisant et jamais conseillé, bien que la plupart du temps on ne puisse rien y faire), vous devez essayer de ramener votre conscience à sa vibration habituelle. Descendre de la vibration astrale basse n'est pas plus difficile que d'y monter ; il suffit de reconduire votre attention du côté matériel de la frontière astrale. Allez-y lentement. À chaque inspiration, visualisez votre corps puisant une part de votre énergie astrale dans vos poumons. En expirant, cette énergie sort par votre bouche et reflue dans la vague de liquide bleu. Continuez à inspirer (puisant l'énergie dans votre corps) et expirer (la libérant) jusqu'à ce que votre esprit retourne à sa fréquence vibratoire matérielle familière. Laissez la vague de liquide bleu se changer lentement en une brise terrestre, et laissez votre esprit revenir à des pensées terrestres.

Tout cela deviendra beaucoup plus facile avec de l'entraînement.

Les liens æthériques du corps

Sans un plein usage de nos mains, pieds, yeux et autres parties de notre corps, la vie dans le monde matériel peut être malaisée. C'est vrai aussi de la vie au plan æthérique. Dans les parties vitales de notre corps æthérique, des spirales concentrées d'énergie nous servent de mains, de pieds, d'yeux æthériques et ainsi de suite, et nous permettent de nous déplacer et d'interagir avec les autres dans l'æther. Ces vortex sont appelés « liens æthériques » et dans cet essai nous allons explorer chacun d'eux.

Les liens æthériques sont, en bien des points, similaires aux chakras décrits dans le mysticisme oriental. En vérité, certains des liens sont situés aux mêmes endroits de notre corps que les chakras. Comme les chakras, les liens sont les centres d'énergie vitale qui servent à recueillir et à répartir l'énergie æthérique. En mentalisme, les fonctions des liens peuvent être très dynamiques, libérant nos corps æthériques pour le vol astral et nous permettant de réaliser des prouesses psychiques comme la télépathie ou la télékinésie.

Il y a dix liens æthériques dans le corps humain. Le lien le plus haut se situe au milieu du front. Il y a deux liens æthériques supplémentaires au niveau de la tête, un dans chaque œil. Il y a trois liens æthériques dans le torse humain : un au milieu de la poitrine, un autre juste derrière le nombril et un autre à l'intérieur des organes génitaux. Les quatre derniers liens æthériques sont situés dans les mains et les pieds.

Chaque lien æthérique est infiniment petit, n'occupant pas plus d'espace que le point le plus minuscule qu'on puisse imaginer. Mais comme vous le savez, la taille importe peu dans l'æther, et, en fait, il arrive que les plus petites choses soient dotées des plus puissants pouvoirs.

Imaginez chaque lien æthérique comme un cône étroit, dont la partie plate affleure à la surface de votre peau et s'effile en pointe à l'intérieur de votre corps. Cela vous aidera à visualiser l'æther circulant entre chaque lien et le monde extérieur. En réalité, cependant, chaque lien æthérique est un point d'æther déterminé à l'intérieur de votre corps, dont l'influence rayonne à l'extérieur en toutes directions.

Tout comme votre corps matériel utilise ces différentes parties pour accomplir différentes tâches, votre corps æthérique utilise chaque lien à des fins particulières. Voici le détail des attributs de chaque lien æthérique. Utilisez le diagramme pour repérer l'emplacement des liens æthériques sur votre propre corps.

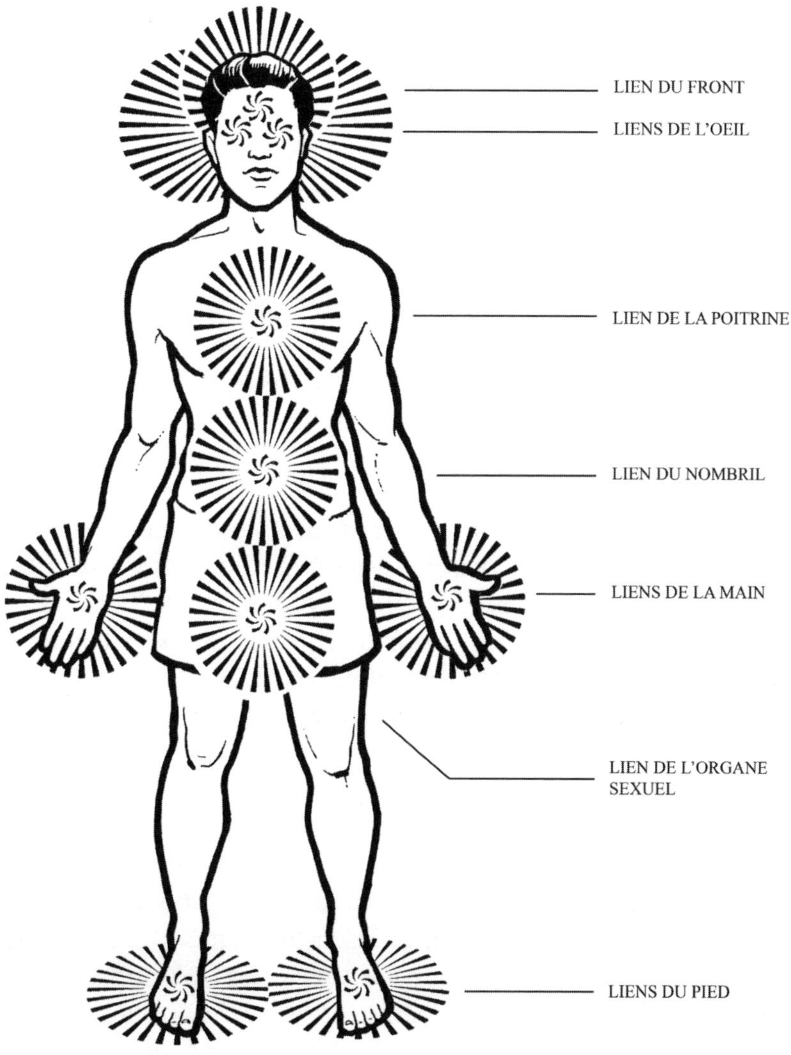

Le lien du front

Le lien frontal est celui dont vous vous servirez pour projeter votre volonté dans l'æther qui vous entoure directement et vous l'utiliserez pour des prouesses de télékinésie, télépathie et autres exploits psychiques de courte portée (ou locaux). C'est aussi le lien par lequel nous menons notre corps æthérique à travers l'æther, un peu comme on mène un animal en laisse. D'autres systèmes psychiques ont appelé ce lien « le troisième œil ».

Les liens de l'œil

Les liens æthériques logés dans vos yeux sont sans conteste les plus utiles pour exercer le mentalisme, car ce sont les liens à travers lesquels tous vos sens, pas seulement la vue mais aussi tous les autres, opèrent. Les liens de l'œil sont utilisés pour visualiser le plan æthérique et sont d'un grand secours pour toutes les visualisations techniques relatives à l'æther, comme la solidification et la transformation de ce dernier.

Le lien de la poitrine

La projection astrale est une des prouesses les plus merveilleuses du mentaliste et elle est réalisée en utilisant le lien poitrinaire. L'æther personnel est expulsé par ce lien, qui se niche derrière le sternum, pour former les corps astraux qui peuvent voyager de manière autonome dans l'æther. Le lien poitrinaire rapatrie ces formes dans le corps æthérique à la fin de leur voyage.

Le lien du nombril

Situé juste derrière le nombril, ce lien æthérique exerce une fonction comparable à l'estomac, prenant une quelconque sorte d'æther et le divisant et le transformant en quelque chose de plus utile pour le corps æthérique. Le nombril reçoit l'æther personnel du mentaliste via le lien de l'organe sexuel. Il recueille aussi de l'æther externe via les liens de la main.

Le lien de l'organe sexuel

Le lien de l'organe sexuel est essentiellement responsable de la collecte et la concentration de l'æther personnel contenu dans le corps. Il amasse l'æther et le prépare en vue de son utilisation par les autres liens. Ce lien est situé juste au-dessus des testicules du mentaliste et à l'intérieur de l'utérus de la mentaliste.

Les liens de la main

C'est depuis les liens de la main que l'influence mentale peut s'étendre le plus loin dans l'æther. Ils sont situés en plein milieu de chaque paume et sont utilisés dans les prouesses psychiques de longue portée (aussi appelées prouesses à distance), un peu comme le lien du front est utilisé pour des exploits plus localisés. Les liens de la main servent aussi à attirer de l'æther extérieur vers le mentaliste à l'usage des autres liens æthériques.

Les liens du pied

Ces liens sont situés au beau milieu de la plante de chaque pied, juste sous la peau. Ils servent à ancrer partiellement le corps æthérique au monde matériel, de manière que, quoi qu'il se passe durant la session æthérique, le corps æthérique puisse retrouver son chemin.

Exercice 11 : Activer le lien æthérique

Voici une expérience qui vous aidera à accoutumer votre conscience à vos liens æthériques. Commencez par une méditation respiratoire de dix minutes pour vous détendre. Lorsque vous serez complètement détendu, concentrez-vous sur votre front. Inspirez lentement et visualisez une sphère de lumière bleue tournant rapidement sur elle-même, flottant à l'intérieur de votre tête, juste derrière votre front, comme une minuscule balle de feu bleu dans votre cerveau. Elle brille plus fort quand vous inspirez, comme si vous souffliez sur des braises. Entre chaque souffle la sphère brille modérément et continue à tournoyer. Lorsque vous expirez, elle brille encore plus fort.

Après vous être focalisé sur votre lien frontal pendant à peu près une minute, reportez votre attention sur votre poitrine, imaginant une autre sphère bleue derrière votre sternum.

Concentrez-vous dessus, comme vous l'avez fait pour votre lien du front, en pensant à la visualiser ruisselant de lumière à chaque souffle, entrant ou sortant.

Poursuivez ces visualisations avec le lien du nombril et celui de l'organe sexuel. Après cela, retournez vos pensées à votre respiration pour quelques minutes.

Maintenant il est temps d'activer les paires de liens des yeux, des pieds et des mains. Vous pouvez utiliser les techniques suivantes pour augmenter le flux d'énergie physique et mentale vers ces liens. Toujours debout, levez un pied et, en utilisant votre pouce, massez le milieu de la plante pendant à peu près vingt secondes. Cela stimulera les sens dans votre pied. Faites la même chose pour l'autre pied et pour chaque main. Les liens de la main devraient être visualisés comme d'ardentes sphères bleues situées pour moitié à l'intérieur, pour moitié à l'extérieur de vos mains. Les liens du pied sont similaires, brûlant à moitié à l'intérieur, à moitié à l'extérieur du centre de chacune de vos plantes de pied. Concentrez-vous sur chacune de ces paires pendant à peu près une minute, comme vous l'avez fait pour les autres.

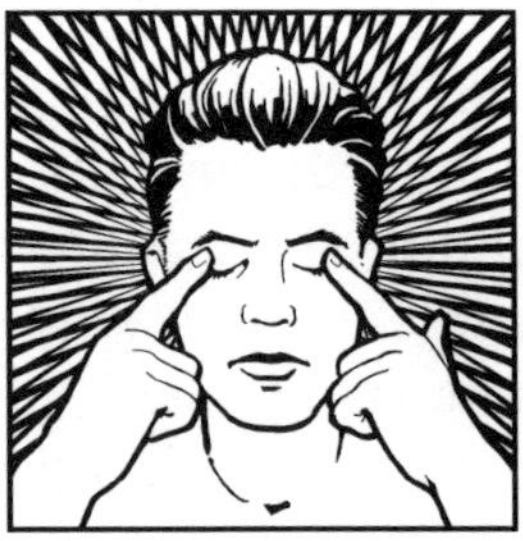

Maintenant fermez les yeux et placez vos index sur les côtés de vos globes oculaires. Poussez un peu sur vos yeux, doucement mais fermement. Cet exercice stimulera physiquement vos yeux et, s'il se poursuit pendant assez longtemps, produira des motifs psychédéliques qui ressemblent à l'æther dans tout son éclat féerique. Ne le faites pas plus d'une minute, car une poussée prolongée peut endommager vos yeux. Lorsque vous aurez physiquement stimulé les liens de l'œil, ce sera le moment de les visualiser dans l'æther. Figurez-les-vous comme des boules de flammes bleues en place de vos yeux. Ce sera probablement un peu perturbant au début, mais prenez votre temps et vous dominerez bientôt la situation.

Vous éprouverez peut-être quelques difficultés, mais il est essentiel que vous soyez capable de visualiser chaque paire de liens comme une unité à part entière. Quand vous visualisez vos liens de la main, par exemple, n'essayez pas de partager votre concentration entre chacun des deux points. Pensez juste « mains ». Vous faites la même chose quand vous utilisez vos mains matérielles : quand vous voulez faire quelque chose avec, vous vous concentrez sur leurs actions combinées. De la même façon, il ne faut pas que nous soyons limités à l'utilisation d'une seule main æthérique à la fois.

Quand vous serez plus à l'aise et plus expérimenté avec vos liens manuels, vous finirez par acquérir une certaine part d'ambidextrie. C'est quelque chose dont la plupart d'entre nous ne disposons pas, même dans nos corps matériels !

Exercices journaliers pour mentalistes

Vous pratiquez déjà des sessions quotidiennes de méditation et de visualisation pour affûter vos facultés mentales. Ces exercices sont essentiels, surtout continuez-les, mais il y a tant d'autres choses à apprendre sur le mentalisme.

Pour bien maîtriser ne serait-ce que les plus simples prouesses du mentalisme, vous devez répéter des techniques de base tous les jours. Cet essai propose douze exercices (la douzaine æthérique) que les aspirants mentalistes devraient réaliser quotidiennement. Toutes ces sessions æthériques devraient commencer par l'exercice sur la vibration astrale basse, pour vous mettre dans l'état d'esprit approprié en accordant votre cerveau avec l'æther du bas-astral.

En progressant dans vos études, passez plus de temps (jusqu'à une demi-heure) à vibrer dans le bas-astral avant de commencer la douzaine æthérique. En vous perfectionnant, votre temps de méditation se réduira, car vous serez capable de vous mettre plus vite dans le bon état d'esprit. Il y a plusieurs théories expliquant pourquoi les mentalistes les plus talentueux n'ont quasiment pas besoin de méditer avant d'exécuter d'époustouflantes prouesses de mentalisme. Peut-être sont-ils tellement habitués au certain état d'esprit produit par la méditation qu'ils sont capables de s'y plonger immédiatement, ou peut-être que leur vibration naturelle s'est déplacée vers la limite de la fréquence habituelle du monde matériel.

Exercice 12 : La douzaine æthérique

Pour la douzaine æthérique, utilisez votre lieu habituel de méditation. Cet exercice sera d'autant plus efficace s'il est réalisé tous les jours à la même heure. Chaque étape est accompagnée d'une illustration.

Première étape. Ancrez votre corps æthérique

La première étape concerne les liens du pied. Il s'agit d'ancrer votre corps æthérique au monde matériel, afin qu'il y reste relié. De toutes les étapes, c'est celle qu'il est le plus important de réaliser correctement. Si l'ancrage æthérique n'est pas suffisant, votre corps æthérique court le risque de se trouver définitivement séparé de votre corps matériel.

Debout, écartez les pieds à largeur d'épaule, comme sur l'illustration. Laissez vos bras reposer le long du corps. Étendez les doigts et placez vos paumes vers l'extérieur. Imaginez l'énergie rayonnant de la plante de vos pieds. Visualisez une sphère de vive lumière autour de chacune de vos plantes de pied et une lueur plus douce sur le sol autour d'elles. Cette énergie est la partie de votre corps æthérique la plus proche du monde matériel, celle qui vous ancre à lui. Tant que vous pourrez visualiser cette forte énergie émise par la plante de vos pieds, vous resterez attaché au monde matériel et ne devez pas craindre de vous perdre dans l'æther.

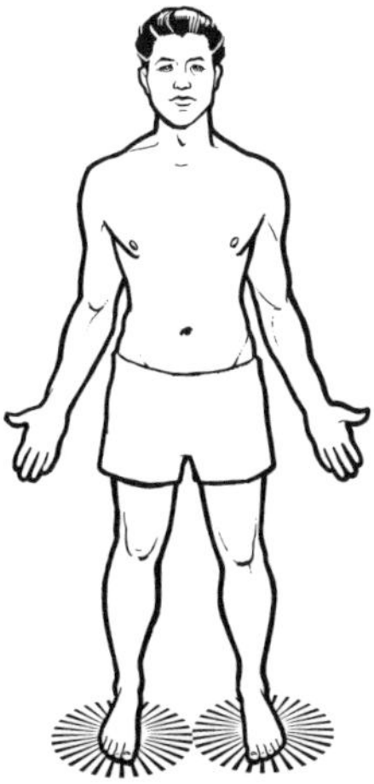

UNE LUMIÈRE VIVE ENTOURE LA PLANTE DE VOS PIEDS.

Concentrez-vous sur cette énergie au moins une minute avant de passer à l'étape suivante.

Deuxième étape. Visualisez le plan æthérique

Dans cette étape, vous utilisez les liens de votre œil pour visualiser le plan æthérique autour de vous. Cette étape ressemble beaucoup à l'exercice *Imaginez le plan æthérique* de la leçon 1. En utilisant votre vue matérielle, examinez le lieu dans lequel vous vous tenez, que ce soit une pièce, un parc ou tout autre endroit. Étudiez ce qui vous entoure jusqu'à voir la même scène dans l'œil de l'esprit, ou avec vos yeux æthériques, pour être plus précis.

Maintenant fermez les yeux et visualisez le cadre alentour, sachant que vous voyez le double æthérique de votre environnement. Garder les yeux fermés dans la suite de la douzaine æthérique peut vous aider. Restez focalisé sur la représentation æthérique de ce qui vous entoure jusqu'à ce que vous soyez à l'aise dans cette scène, jusqu'à ce que cela vous paraisse aussi naturel ou presque aussi naturel que le cadre matériel de votre vie quotidienne. Quand vous serez prêt, passez à l'étape suivante.

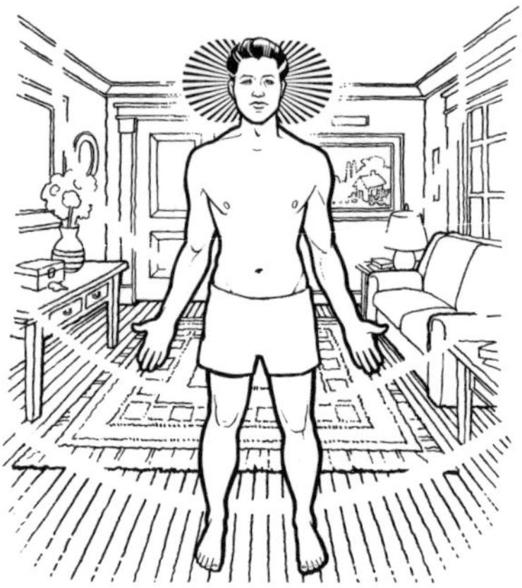

LE MONDE CACHÉ QUI VOUS ENTOURE EST MAINTENANT VISIBLE.

Troisième étape. Visualisez votre corps æthérique

Une fois que vous aurez visualisé votre coin de plan æthérique, vous aurez besoin de visualiser votre corps æthérique avant de pouvoir travailler avec l'æther. Formez votre corps æthérique en utilisant les techniques décrites au début de la leçon. Concentrez-vous sur votre lien frontal avant de descendre vers les liens de l'œil, de la poitrine, du nombril, de l'organe sexuel, de la main et du pied. Visualisez le réseau d'énergie qui connecte les liens entre eux et formez votre corps æthérique autour de cette structure.

Votre corps æthérique remplit l'endroit exact occupé par votre corps matériel. Réalisée avec le bon degré de concentration, cette étape vous donnera pleinement conscience de votre corps æthérique. Reposez-vous une minute avant de passer à l'étape suivante.

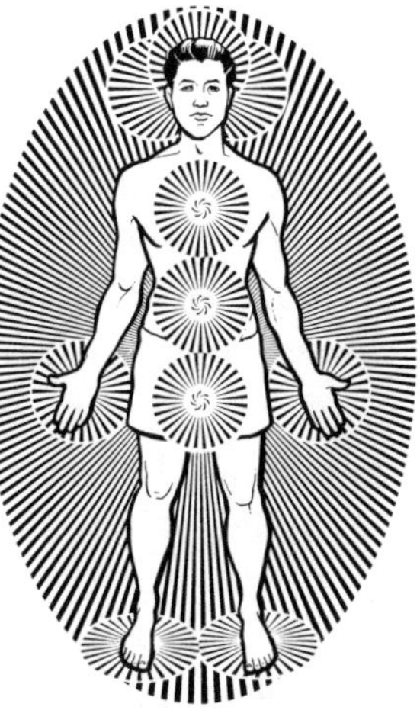

VOTRE CORPS EST UN RÉSEAU D'ÉNERGIE CONNECTÉ
PAR DES LIENS ÆTHÉRIQUES.

Quatrième étape. Rassemblez votre æther personnel

À l'aide du lien de l'organe sexuel, collectez un peu de l'æther personnel qui se trouve déjà dans votre corps æthérique. Cet æther personnel vient d'en dessous (les liens du pied) et d'au-dessus (les autres liens du torse et de la tête). Des brins d'æther afflueront librement de ces endroits, s'amassant autour de votre lien de l'organe sexuel.

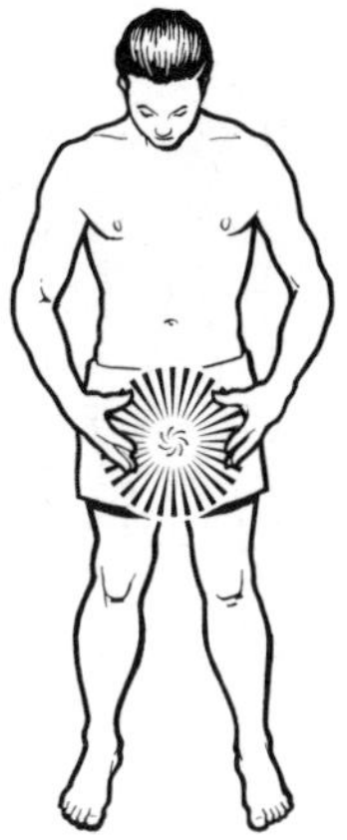

L'ÆTHER PERSONNEL S'AMASSE AUTOUR DE VOTRE LIEN DE L'ORGANE SEXUEL

Figurez-vous cette masse d'æther comme un nuage rose, à peu près de la taille de votre poing et vaguement sphérique. Ce n'est qu'une petite partie de votre æther personnel, mais il n'appartient à personne d'autre que vous. Grâce à lui, vous pouvez réaliser d'incroyables prouesses de mentalisme. Nous utiliserons cette petite quantité d'æther pour procéder aux étapes restantes de la douzaine æthérique.

Cinquième étape. Transférez l'æther personnel à l'abdomen

Maintenant transférez le nuage au lien du nombril. Imaginez-le flottant au bout d'une corde entre votre lien de l'organe sexuel et votre lien du nombril. Essayez de garder le nuage aussi homogène que possible ; ne le laissez pas s'étirer trop au cours du trajet jusqu'à votre abdomen. Quand il est monté par vos intestins et votre estomac jusqu'à l'endroit de votre corps situé juste derrière votre nombril, stoppez sa course. Laissez la sphère là au moins une minute et continuez de vous concentrer sur sa forme, sa couleur et sa consistance. Quand vous serez prêt, passez à l'étape suivante.

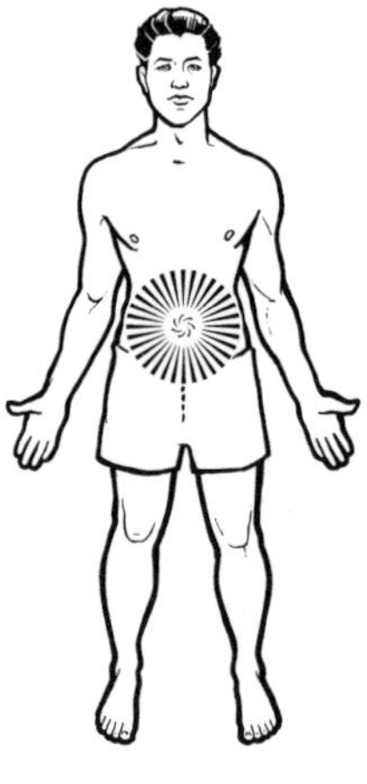

IL MONTE PAR UNE CORDE INVISIBLE JUSQU'À VOTRE LIEN DE L'ABDOMEN

Sixième étape. Transformez votre æther

Cette étape nous rappelle que tout æther est malléable et que nos esprits peuvent lui donner n'importe quelle forme. Concentrez-vous sur la sphère æthérique reposant à présent dans votre abdomen æthérique. Comme votre estomac matériel, le lien de l'abdomen peut transformer des substances. Dans cette étape, nous réaliserons une transformation simple, de forme et de couleur. Méditez sur le nuage rose quelques instants et imaginez-le se condenser en une forme pyramidale bleu clair. Cette nouvelle forme devrait être d'un volume (masse totale) moindre que la forme précédente, car elle a été un peu concentrée pour des raisons pratiques.

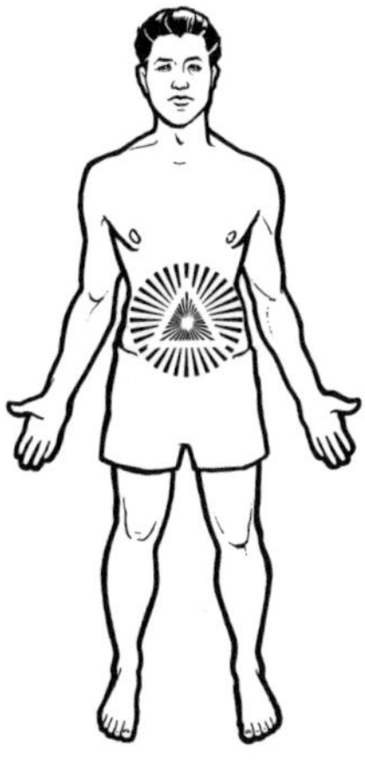

IL DEVIENT UNE PYRAMIDE DE LUMIÈRE BLEUE.

Septième étape. Transférez votre æther à la poitrine

En utilisant les mêmes techniques que précédemment, amenez votre masse d'æther jusqu'à votre lien de la poitrine. Le lien poitrinaire est situé juste derrière le centre de votre sternum. Visualisez la pyramide bleue d'æther montant lentement de votre abdomen à votre poitrine. Assurez-vous que la pyramide maintienne sa forme en voyageant. Quand elle reposera autour de votre lien poitrinaire, concentrez-vous sur elle et respirez un peu avant de passer à l'étape suivante, qui déplacera l'æther hors de votre corps.

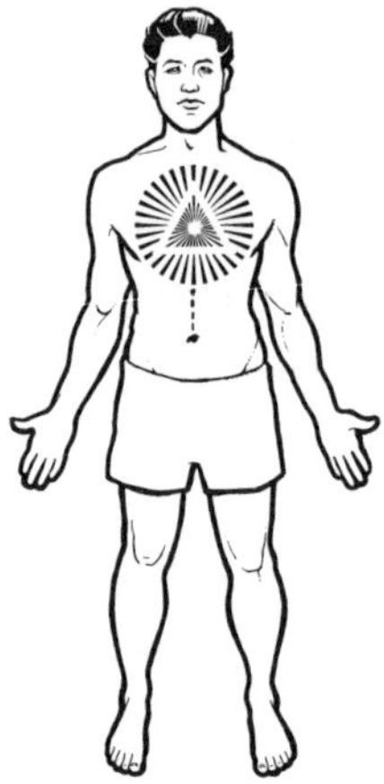

IL MONTE ENCORE UNE FOIS,
JUSQU'À VOTRE LIEN DE LA POITRINE.

Huitième étape. Éjectez votre æther

Il s'agit ici, pour la première fois, de manipuler l'æther à l'extérieur de votre corps. La transition entre le contrôle de l'æther interne et le contrôle de l'æther externe peut désorienter, mais ne le devrait pas, car l'æther avec lequel vous allez travailler est en vérité le même que celui que vous avez utilisé jusqu'ici.

À ce stade de la douzaine æthérique, vous avez monté la pyramide bleue d'æther personnel à votre lien poitrinaire. Sentez la forme dans votre corps. Elle ruisselle de lumière quand vous inhalez l'énergie, brille d'une façon régulière au plus fort de votre respiration, et luit plus ardemment encore lorsque vous expirez.

Sur une expiration, visualisez un torrent d'æther sortant de votre poitrine. Cela ressemble à la fumée d'une cigarette soufflée par un minuscule trou au centre de votre sternum. Cette fumée jaillit à chacune de vos expirations, et vous l'émettez de plein gré. Vous avez un total contrôle de cet æther.

Ne laissez pas la fumée se dissiper. Recueillez-la plutôt à un ou deux pas de votre poitrine dans la même forme pyramidale que celle qui repose à l'intérieur de votre thorax. Tandis que la forme devant vous grossit, la forme à l'intérieur de vous se dissipe. Cela peut s'avérer l'étape la plus effrayante de la douzaine æthérique et à juste titre : personne n'est habitué à se séparer comme cela de parties de son corps. Pourquoi resterions-nous détaché, en un mot, en détachant des portions de notre moi æthérique ? Restez calme. Cette séparation se produit à un moment crucial de vos progrès en tant que mentalistes, car en autorisant un peu de nous-mêmes à nous séparer de nos corps æthériques, nous faisons nos premiers pas hésitants dans l'æther lui-même.

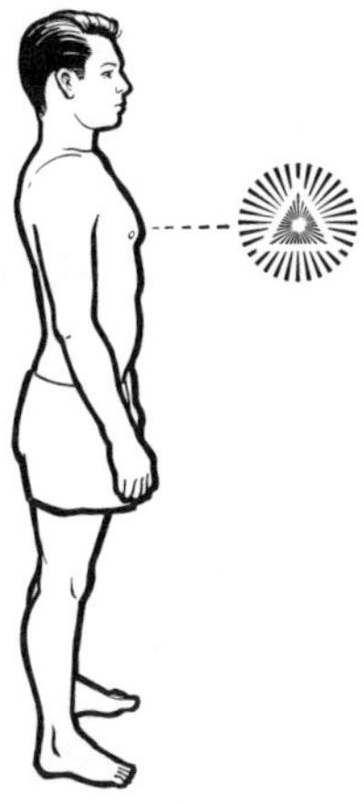

LA PYRAMIDE FLOTTE DEVANT VOTRE POITRINE.

Neuvième étape. Manipulez l'æther local

À ce stade votre pyramide æthérique, complètement formée, doit flotter devant votre poitrine. Maintenez-la en place un petit moment, histoire de vous habituer à elle. C'est une part de vous-même, à l'écart de vous-même. Même si réaliser cela peut vous faire un choc, ne le laissez pas rompre votre concentration.

Vous pouvez manipuler l'æther en utilisant votre lien æthérique frontal. Essayez. En envoyant un concentré de pensées à la pyramide via votre front vous pouvez la faire changer de forme, de couleur ou de toute autre propriété imaginable. Amusez-vous à cela un petit peu si vous le pouvez, mais contentez-vous de choses simples pour commencer. En répétant la douzaine æthérique tous les jours, vous prendrez confiance en vos facultés mentales et vous essayerez des transformations plus complexes.

Votre lien frontal peut aussi être utilisé pour écarter l'æther de votre corps. Essayez, en éloignant la pyramide bleue à trois ou quatre pas de votre corps. Vous feriez bien d'utiliser également vos liens manuels pour déplacer l'æther qui s'éloigne encore de votre corps. Si vous faites l'exercice en intérieur, il vous faudra peut-être imaginer la pyramide traverser un mur pour aller si loin. L'æther passera facilement au travers des murs (ou de n'importe quoi d'autre) si vous vous concentrez suffisamment sur lui. Une fois la pyramide à la distance désirée, faites en sorte de l'y maintenir quelques instants avant de passer à l'étape suivante.

DÉPLACEZ ET MODELEZ L'ÆTHER AVEC VOTRE LIEN FRONTAL.

Dixième étape. Manipulez l'æther à distance

Une fois que vous avez écarté l'æther à bonne distance de votre corps, laissez-le flotter au niveau du lien poitrinaire duquel il a été projeté. Cet æther est votre émissaire et peut agir en votre nom partout sur terre, et au-delà d'ailleurs. Pour l'instant, essayons quelques expériences tout près de chez nous.

Vous êtes libre de manipuler votre émissaire æthérique comme vous l'entendez ; lui donner la possibilité d'entendre ou de voir, etc. S'il est passé dans la pièce d'à côté en traversant un mur, essayez d'écouter les conversations ou le bruit ambiant de cette pièce.

Peut-être aimeriez-vous utiliser votre émissaire comme un troisième œil indépendant par lequel vous pourriez voir le monde. Si tel est le cas, il suffit de transférer votre sens de la vision à cette masse d'æther séparée de votre corps et flottant librement dans l'espace. Comme pour toute expérience æthérique, la seule chose qui vous retient est votre propre imagination.

Utilisez vos liens manuels pour déplacer votre émissaire æthérique d'un endroit à l'autre. Utilisez votre lien frontal pour conférer à votre émissaire æthérique le pouvoir de voir, d'entendre ou de parler. Jouez avec votre émissaire æthérique, apprenez-lui à faire votre volonté. Quand vous serez prêt, ramenez-le à trois pas de distance de votre corps et laissez-le flotter là au moins une minute avant de continuer.

Onzième étape. Attirez l'æther à vous

Maintenant, en utilisant vos liens manuels dans le monde æthérique, ramenez votre émissaire æthérique à vous. Ne le laissez pas opposer de résistance. Cet æther est une partie de vous-même, et il agit en votre nom. Ce n'est pas un être doué de sens, et s'il agissait comme tel, il serait de votre devoir de le remettre au pas. Faites approcher votre émissaire en respirant. Il vibre plus fort et se rapproche à chaque souffle.

Lorsque la pyramide (ou quelque autre forme que votre émissaire ait prise après son voyage) s'approche de votre corps, maintenez-le à environ 30 centimètres de votre poitrine. Vous utiliserez votre lien poitrinaire pour réintroduire l'æther dans votre corps, inversant le procédé utilisé pour l'émettre. Prenez votre temps afin d'éviter tout choc. Ramenez lentement votre voyageur æthérique à l'intérieur de votre corps, en l'aspirant petit à petit directement dans votre poitrine. À mesure que, devant vous, la forme æthérique rétrécit, vous devriez sentir une forme complémentaire croître en vous, à l'intérieur de votre poitrine.

Continuez à ramener l'émissaire æthérique jusqu'à ce qu'il n'en reste plus rien devant vous, et que tout ce qui est en vous soit rassemblé en un tout homogène. Réacclimatez cet æther à votre corps, le laissant briller et brûler à chaque inspiration pendant que vous poursuivez la méditation qui maintient votre conscience sur le plan æthérique. C'est une procédure compliquée, certes, mais c'est le genre de chose que vous devez apprendre car elle sert de base pour des prouesses encore plus complexes.

DÉPLACEZ ET MODELEZ L'ÆTHER EN UTILISANT VOS LIENS MANUELS.

RAMENEZ L'ÆTHER EN UTILISANT VOS LIENS MANUELS.

Douzième étape. Distribuez votre æther

Cette dernière étape assure que l'æther que vous avez rappelé à vous est redistribué dans votre corps dans les bonnes proportions. La pyramide æthérique que vous avez ramenée par votre poitrine devrait flotter à la place qu'elle occupait avant que vous ne l'éjectiez, juste derrière votre sternum. Assurez-vous qu'elle y soit et concentrez-vous sur elle plus attentivement que jamais avant de poursuivre, ce n'est pas le moment de rompre la concentration.

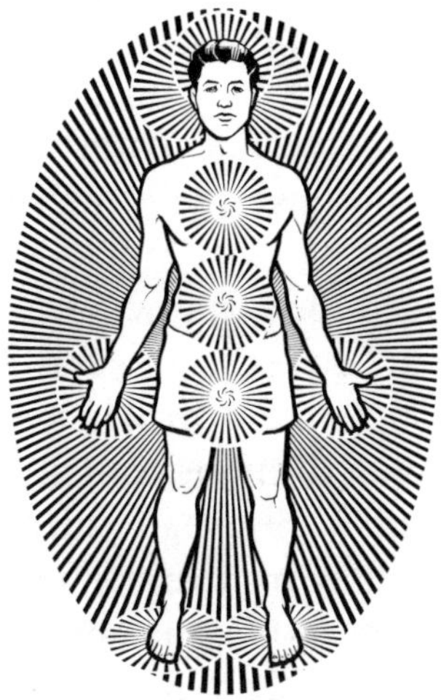

CHACUN DE VOS LIENS ÆTHÉRIQUES REÇOIT SA PART.

Quand vous avez formé le nuage æthérique dans votre lien sexuel, vous avez attiré de l'æther personnel d'au-dessus et d'en dessous. Il est maintenant temps de dissiper la pyramide et de redistribuer cet æther à tout le corps, en vous concentrant en particulier sur les liens æthériques. Commencez avec les liens du pied. Laissez un peu de l'æther émaner de la pyramide, à la manière dont la buée monte d'un bloc de glace, et flotter vers la plante de vos pieds. Une fois arrivé là, laissez-le s'arrêter.

Comme vous avez dix liens æthériques dans votre corps, chaque lien devrait recevoir environ un dixième de la pyramide d'æther. Laissez-en deux tiers tomber à vos pieds, ce qui réduit la taille de la pyramide dans votre poitrine. Quand vos pieds auront reçu leur part, reposez-vous. Visualisez vos pieds luire d'un puissant éclat. L'æther appartenant à vos pieds a été redistribué.

Laissez un autre dixième descendre dans votre lien de l'organe sexuel et stoppez-le une fois arrivé là. Quand la quantité d'æther appropriée est tombée dans le lien de l'organe sexuel, visualisez une vive lumière autour de lui.

Continuez à distribuer les parts d'æther à vos mains, votre nombril, votre poitrine, vos yeux et votre front. L'æther se déplace du lien de la poitrine aux liens des yeux et du front comme la vapeur monte d'un bol de soupe chaude. En recevant son æther, chaque lien émet une vive lueur. Quand tous les liens sont ré-énergisés, la lumière s'étend à tout votre corps.

Bientôt, votre corps luit d'une vive lumière que l'æther émet depuis chaque lien et qui se diffuse vers les tissus avoisinants. Laissez la lumière briller avec éclat une minute, puis laissez-la diminuer d'intensité, lentement, pendant que vous vous concentrez à nouveau sur votre respiration et commencez à revenir de votre vibration astrale à une vibration matérielle, suivant la technique que vous avez apprise au début de la leçon. Donnez-vous le temps qu'il faut pour réduire votre vibration, et laissez votre esprit revenir lentement à des pensées et à un cadre terrestres.

Quand votre vibration atteint sa fréquence matérielle naturelle, ouvrez les yeux. Vous êtes de retour dans le monde matériel. Bravo !

Psychismes de départ

Votre travail avec la douzaine æthérique procure une excellente assise sur laquelle vous pourrez bâtir vos facultés psychiques. Les prouesses surnaturelles exécutées en utilisant l'æther sont appelées psychismes.

Les psychismes peuvent être divisés en deux catégories : passif et actif. Ne faites pas l'erreur de croire que le mot

« passif » dans ce sens veut dire « faible ». Les psychismes comprennent de nombreux phénomènes puissants dont vous avez à coup sûr déjà entendu parler, parmi lesquels la clairvoyance (voir des choses qui ne sont pas visibles physiquement), la clairaudience (entendre des choses qui ne sont pas physiquement audibles), la projection astrale (des expériences hors du corps qui peuvent comporter d'autres phénomènes psychiques), la prescience et la postscience (la faculté mentale de sentir les événements avant qu'ils n'arrivent et après qu'ils sont arrivés).

Les psychismes actifs sont tout aussi fantastiques et comprennent la transmission de pensée, la télékinésie (déplacer des objets en utilisant l'énergie mentale), la guérison psychique, la téléportation, la lévitation, le don d'invisibilité et le voyage dans le temps.

De nombreuses théories existent sur les vrais mécanismes de ces psychismes. Bien évidemment, étant donné la nature de l'æther, il y a plusieurs façons d'accomplir un psychisme simple. Par souci de cohérence, nous évoquerons plusieurs techniques mais n'en étudierons que quelques-unes.

Voici trois exercices que vous devriez pratiquer régulièrement pour accroître vos facultés psychiques. Ces exercices apportent les connaissances de base en clairvoyance, transmission de pensée (appelée aussi télépathie) et télékinésie.

Exercice 13 : Un premier exercice de clairvoyance

La clairvoyance est également appelée vision à distance. Elle permet de voir des choses qui n'entrent pas dans notre champ de vision physique direct. En utilisant la clairvoyance, un mentaliste peut voir le visage de quelqu'un qui se tient derrière une porte close, regarder derrière un angle dans la maison sans bouger physiquement ou faire un tour (très) privé d'un musée fermé ou d'un autre bâtiment. Ce sont juste trois exemples de la façon dont la clairvoyance peut être utilisée, bien sûr. Les limites qui s'imposent à vous avec ce psychisme comme avec tout autre sont celles de votre seule imagination.

Vous pouvez réaliser certains psychismes en utilisant l'émissaire æthérique formé pendant la huitième étape de la douzaine æthérique : *Éjectez votre æther*. En vérité, l'exercice proposé ici est un excellent entraînement à intégrer au régime quotidien que vous venez d'apprendre, tout comme les exercices de télépathie et de télékinésie qui suivent.

La prochaine fois que vous exécuterez la douzaine æthérique, essayez ceci : une fois votre émissaire æthérique formé et flottant devant votre poitrine, il peut effectuer quelques actions à votre place. En étendant certains sens et facultés à l'émissaire, vous lui donnez la possibilité de faire des choses que vous ne pourriez normalement pas faire. Pour rendre un émissaire clairvoyant, vous devez lui transférer une part de votre vue. C'est simple et cependant incroyable. Faites flotter l'émissaire au niveau de vos yeux et approchez-le suffisamment prêt de votre visage pour qu'il soit en contact avec vos liens visuels. Une fois qu'il s'y trouve, regardez à travers l'émissaire pour « voir les choses de son point de vue », puis visualisez votre vue se transférant à lui. Autorisez l'émissaire à être l'œil de votre conscience. Il se peut que vous deviez vous y reprendre à plusieurs fois. Une fois cela fait, vous pourrez voir via l'émissaire, où que vous l'envoyiez. Si cet exercice ne donne pas immédiatement les résultats escomptés, essayez encore et encore jusqu'à ce que vous puissiez au moins parvenir à accomplir quelques actes de vision à distance. La vue peut vous être retournée en ramenant l'émissaire au contact de vos yeux. N'ayez pas peur de perdre l'émissaire. Il vous reviendra immédiatement si votre méditation se trouve brusquement interrompue.

Utilisez l'émissaire pour explorer des endroits éloignés de votre lieu de méditation. Pour amortir le choc de cette double existence, imaginez que vous êtes l'émissaire et que vous voyagez vers ces lieux éloignés. Tous ses buts et intentions sont les vôtres. Allez-y tout doucement au début. Rien ne presse. En vérité, si vous précipitez votre voyage en clairvoyance vous échouerez à coup sûr. Attendez-vous aux échecs au début, tout comme les enfants en bas âge doivent s'attendre à échouer dans leurs premières tentatives pour marcher. Mais comme ces petits enfants, soyez sûr de parvenir aussi à des merveilles.

Exercice 14 : Un premier exercice de télépathie

La télépathie (lire dans les pensées) n'est pas très éloignée de la clairvoyance. De la même façon que, dans le monde matériel, toute chose peut être vue grâce aux sens matériels, les choses de l'æther peuvent être vues grâce aux sens æthériques. Suivez un peu ce raisonnement : si tout ce qu'il y a de tangible et d'intangible est représenté sous une forme palpable au plan æthérique, alors il est très facile pour une personne dotée d'une vision æthérique de « voir » une pensée émanant de la tête d'une autre. C'est une méthode de télépathie, et vous admettrez que c'est la plus directe. Si les pensées peuvent prendre forme au plan æthérique, alors elles peuvent être vues en utilisant des yeux æthériques.

Développez votre faculté de télépathie en pratiquant cet exercice, qui nécessite la présence d'un ami. Asseyez-vous à une table l'un en face de l'autre. L'un d'entre vous doit entrer dans la vibration astrale basse, peut-être votre ami peut-il vous aider en vous lisant à voix haute l'exercice astral du début de cette leçon pendant que vous méditez. Une fois que vous vibrez à une fréquence astrale, vous devez le notifier à votre ami par un signe établi à l'avance, en laissant tomber une main sur la table, par exemple, ou en proférant un mot secret sur lequel vous vous êtes auparavant entendus.

Vous êtes maintenant æthériquement éveillé et prêt à lire l'æther comme un livre. Faites en sorte que votre ami pense à quelque chose et y pense très fort. Il est très important d'insister pour que cette pensée soit chargée d'une émotion assez puissante, car cela rendra le message beaucoup plus clair à vos yeux æthériques. Seuls vous et votre ami connaissez vos passions réciproques, donc aucun exemple n'est donné pour cette partie de l'exercice.

Il est difficile de dire exactement sous quelle forme apparaîtra la pensée quand votre ami l'aura en tête. Elle peut être vue comme une image, elle peut être lue comme la première page d'un journal, elle peut même être entendue comme une voix. Ce qui compte n'est pas la forme qu'elle prendra, mais que vous puissiez la percevoir en utilisant vos sens æthériques.

Pour mieux concevoir une pensée ayant une forme et une masse, considérez qu'elle est aussi tangible au plan æthérique qu'une tasse de café ou une chaussure dans le monde matériel. Quand vous verrez la pensée flotter dans l'æther, faites un gros effort pour vous en souvenir en détail. Quand vous retournerez à votre vibration matérielle, consignez par écrit l'expérience tout entière et comparez vos notes à celles de votre ami.

Exercice 15 : Un premier exercice de télékinésie

Les expériences de télékinésie sont axées sur les mêmes techniques de base que celles employées pour les exercices de clairvoyance et de télépathie, mais il y a une différence cruciale entre ces derniers et celui que nous nous apprêtons à voir. C'est que, du monde æthérique, la télékinésie pénètre le monde matériel, affectant simultanément les deux d'une façon évidente. La pratique de la télékinésie est difficile, parce qu'elle demande du mentaliste qu'il se concentre sur deux réalités à la fois : l'æthérique et la matérielle.

Dans un essai de télékinésie réussi, vous utiliserez votre énergie mentale pour affecter des phénomènes physiques dans le monde matériel. C'est quelque chose d'incroyable à voir, c'est certain, et les praticiens compétents de télékinésie sont rares.

Asseyez-vous à une table débarrassée de tout objet excepté une feuille de papier blanche et une pièce. Il est préférable d'utiliser une pièce d'une couleur différente de celle du papier. Et plutôt légère. Tracez les contours de la pièce sur le papier avec un crayon. Ce cercle que vous avez dessiné représente l'espace rempli par la pièce, et si votre expérience est réussie, la pièce se déplacera, laissant le cercle sur le papier derrière elle. Assurez-vous que la pièce que vous choisirez soit de couleur plus sombre que le papier. Si la pièce est trop claire pour cette expérience, votre œil æthérique pourra la confondre avec le papier, et une pièce trop lourde ne convient pas non plus pour commencer la télékinésie.

Fermez les yeux et utilisez l'exercice du début de la leçon pour entrer dans la vibration astrale basse. Une fois cela fait, activez (visualisez) vos liens du front et de la main : ce sont les points de votre corps æthérique que vous utiliserez en télékinésie. Ce faisant, concentrez-vous sur chaque lien. Figurez-vous les liens comme des sources de lumière, chacun d'eux étant un globe lumineux d'énergie æthérique.

Une fois que vous avez activé vos liens æthériques, ouvrez les yeux. (Vous pouvez garder vos yeux physiques fermés si vous préférez et ouvrir seulement vos yeux æthériques. Toute force télékinésique apparaîtra près du cercle que vous avez tracé sur le papier, il ne faut donc pas que vous « voyiez » la pièce bouger avec vos yeux matériels.) Concentrez-vous sur la pièce. Vos mains luisent d'une lumière surnaturelle, tout comme votre front. Ces points sont les outils que vous utiliserez pour déplacer la pièce.

La pièce est un objet dans l'espace matériel. Mais elle existe également dans l'æther, où vous êtes à présent plus que vous ne l'avez jamais été. Déplacer la pièce physique avec vos facultés æthériques est très difficile à ce stade de votre étude. Évertuez-vous plutôt à déplacer la pièce æthérique qui est aussi là devant vous. Ce sera difficile au début, parce que la barrière psychologique entre le monde matériel et le monde astral est très forte.

Maintenant, en utilisant la force æthérique de vos mains et de votre front, déplacez la pièce. Si au début cela ne fonctionne pas, rappelez-vous de vous concentrer sur la pièce æthérique devant vous. Vous êtes fait d'æther, la pièce est faite d'æther, et l'espace entre vous et la pièce est fait d'æther. Quand vous bougez votre main æthérique, tout l'æther qui l'entoure bouge avec elle, y compris l'æther de la pièce. Essayez et voyez ce qui se passe.

Incroyable, non ? Cela n'est rien comparé à ce qu'il vous reste à apprendre.

Mettre en place sa routine quotidienne

Ne vous y trompez pas : au début vous devrez vous faire violence pour accomplir ces exercices plusieurs fois par semaine, sans parler de tous les jours. Il ne faut pas que cela vous décourage de pratiquer le mentalisme. Le but est de faire en sorte que, petit à petit, le mentalisme et l'æther entrent sciemment dans votre vie quotidienne.

Pour parvenir à faire de la douzaine æthérique une habitude journalière, effectuer les exercices à heure fixe peut vous aider énormément. Le travail du matin fonctionne mieux pour certains, la tombée du jour pour d'autres. Certains préfèrent visiter le plan æthérique à l'heure du déjeuner.

D'autres encore rapportent qu'une excursion æthérique les rapproche du royaume nébuleux du sommeil, et ils effectuent donc les exercices juste avant d'aller au lit.

Avez-vous des habitudes quotidiennes régulières ? La plupart des gens en ont, et vous feriez exception à la règle si vous n'en aviez pas. Un moyen facile d'intégrer la douzaine æthérique à votre vie est de rattacher les exercices à une autre habitude journalière. La plupart d'entre nous se douchent ou prennent un bain à la même heure tous les jours. Que diriez-vous d'effectuer vos exercices æthériques après votre bain ?

Il y a plus de temps dans une journée que vous ne le pensez. Tous les jours, chacun d'entre nous dispose des mêmes vingt-quatre heures pour faire ce qu'il veut. Avant de commencer votre programme quotidien, faites mentalement l'inventaire de toutes vos activités journalières. Un peu d'introspection ne nuit pas. Y a-t-il des choses que vous accomplissez tous les jours qui ne sont pas vraiment productives ou des choses qui sont même destructrices ? En vous passant de certaines habitudes ou de certaines activités inutiles, vous libérez du temps et de l'énergie pour une nouvelle routine, comme les exercices æthériques que vous venez d'apprendre. Il vous appartient de décider ce qui est sain ou ne l'est pas dans votre vie et de faire des ajustements en conséquence.

Même quand vous aurez intégré la douzaine æthérique dans votre routine quotidienne, vous vous débattrez encore avec la pratique. Au début les exercices seront difficiles et prendront du temps, et ils pourront vous paraître plus fastidieux que bénéfiques, en particulier si vous ne voyez pas de résultats immédiatement. Ne vous découragez pas. Continuez à pratiquer et lentement vous verrez des résultats. Tout comme vous ne pouvez précipiter un entraînement physique quand vous essayez de parvenir à un niveau donné dans une discipline quelconque ou un régime pour atteindre un certain poids, vous ne pouvez précipiter un développement mental. C'est un processus lent, mais qui se bâtit chaque jour sur les succès des jours précédents. Gardez le moral !

Un matérialisme sain

Si cette leçon a porté ses fruits, vous savez maintenant que la seule voie vers la maîtrise mentale passe par un régime quotidien d'exercices æthériques. Les aspirants mentalistes devraient savoir, quoi qu'il en soit, que la douzaine æthérique proposée ici ne représente que la moitié d'un programme régulier qui exerce aussi bien l'esprit que le corps.

En plus de vos excursions quotidiennes dans l'æther, vous devrez également vous souvenir que l'exercice physique est d'une grande aide pour vos facultés mentales naissantes. Un esprit sain est indissociable d'un corps sain. Si vous ne pratiquez pas encore régulièrement de sport, consultez un médecin et demandez-lui de vous prescrire des activités physiques au moins aussi ardues que le régime mental que vous vous apprêtez à suivre.

L'intensité du programme physique s'établit en fonction de l'individu. Pour certains, ce sera une simple marche quotidienne dans le voisinage. D'autres se verront prescrire des séances d'entraînement vigoureuses nécessitant un équipement sportif moderne. L'auteur de ce livre n'est pas qualifié pour vous dire ce qui est bon ou non pour votre corps physique. L'avis de votre médecin est important. Prenez-le en compte et ne vous surmenez pas.

Autre élément clé pour conserver un corps sain, en plus de vos activités sportives : le régime alimentaire. Passez en revue vos habitudes alimentaires avec un nutritionniste professionnel, en lui expliquant que vous vous engagez dans un programme axé sur la santé physique aussi bien que mentale. Demandez qu'on vous propose un régime qui vous fournira une quantité suffisante de vitamines et de substances nutritives pour que votre corps puisse développer tout son potentiel. Évitez les régimes gras et restez-en à une consommation variée incluant beaucoup de fruits et de légumes, qui sont d'excellentes sources nutritionnelles pour le corps et l'esprit.

Si vous faites cela, vous vous découvrirez plus d'énergie pour exécuter la douzaine æthérique proposée dans cette leçon. Le temps semblera s'offrir à vous de sorte que vous vous demanderez comment diable vous pouviez le perdre auparavant. Avant d'avoir le temps de dire ouf, vous mangerez bien et ferez de l'exercice comme si c'était une seconde nature, et ce qui au départ pouvait vous sembler une corvée ne vous le paraîtra bientôt plus.

TAMQUAM ALTER IDEM

QUATRIÈME LEÇON
ASCENSION

L'æther interne — Renforcez l'æther interne
Questions usuelles à propos de l'æther interne
Plusieurs corps, un seul être — Les corps sublimes
Premiers exercices — En éveil partout
Apprenez à vous connaître — Une dissolution matérielle
Un soi séparé — Projection du corps astral — Ascension
Votre voisinage astral — Aller plus haut — Résidu psychique
Ménage astral — Dissolution des objets de tous les jours
Le gardien du seuil — Franchir le seuil — Poursuivre

« Il n'y a pas loin, par l'oiseau, du nuage à l'homme, il n'y a pas loin, par les images, de l'homme à ce qu'il voit, de la nature des choses réelles à la nature des choses imaginées, la valeur est égale. Matière, mouvement, besoin, désir sont inséparables. »

PAUL ÉLUARD, *À toute épreuve*

DE TOUTES LES FANTAISIES HUMAINES, le rêve d'envol est une de celles qui perdurent depuis l'époque d'Icare. L'avènement de l'avion au début du XXe siècle a porté les gens aux cieux, mais le rêve est encore présent à l'esprit de tout le monde, y compris, sans doute, au vôtre. Et c'est l'esprit qui servira de véhicule pour votre première vraie expérience de vol.

En tant que praticien des exercices décrits dans ces pages, vous êtes déjà bien rompu aux notions de base de l'æther, la substance universelle qui lie toutes les choses entre elles. Vous êtes sur le point maintenant d'apprendre à utiliser l'æther pour exécuter une prouesse particulièrement spectaculaire : une projection astrale.

En partant de la douzaine æthérique, la série d'exercices que vous venez d'apprendre, vous utiliserez la mémoire et la visualisation qui vous donneront accès à un monde entièrement nouveau, fait d'un æther d'un calibre beaucoup plus fin que celui du monde dans lequel nous vivons normalement. En formant votre corps astral, puis en le séparant de votre forme matérielle, vous pourrez vous déplacer librement, y compris en volant, dans cet autre royaume, un lieu appelé monde astral.

L'ÆTHER INTERNE

Jusqu'ici vous avez beaucoup appris sur un type d'æther appelé æther interne. Dans cette section nous explorerons les fonctions et les limites de cette substance. Souvenez-vous que l'æther interne peut être désigné sous différents termes. Tous ces termes ont à peu près la même signification.

l'æther interne
l'æther personnel
l'esprit
la conscience
le corps æthérique

L'æther interne est différent de l'æther externe en ce que c'est celui qui constitue ce que vous considérez être votre personne, c'est-à-dire votre personnalité ou votre conscience. L'æther interne compose votre corps physique et votre corps æthérique, vos pensées, vos sentiments, vos souvenirs et votre personnalité. En un mot : vous.

Votre æther interne est contrôlé un peu de la même manière que votre corps physique. Vous savez bien que certaines fonctions du corps matériel sont subconscientes ou involontaires. Ces fonctions comprennent la respiration, les clignements d'yeux, les réflexes et autres réactions et processus de vie essentiels. D'autres fonctions de votre corps sont naturelles à un adulte mais sont volontaires, comme le fait de marcher, de parler et d'accomplir des tâches complexes comme conduire une voiture ou cuisiner. Tout comme vous contrôlez votre corps pour faire ces choses, vous contrôlez votre æther interne pour le faire fonctionner. En vérité, quand vous cuisinez, dormez ou respirez dans le monde matériel, votre corps æthérique fait la même chose dans le monde æthérique.

L'æther externe, au contraire, se définit comme l'æther composant tout ce qui n'est pas vous. Vous pouvez sans doute nommer un nombre incalculable de choses qui ne sont pas vous. En ce moment même, les choses les plus proches de vous qui sont faites d'æther externe sont les vêtements que vous portez, l'air que vous respirez et l'endroit dans lequel vous lisez ce livre. En fait, ce livre lui-même est fait d'æther externe.

Exercice 16 : Renforcer l'æther interne

Pour pouvoir utiliser son æther interne à son plein potentiel, un aspirant mentaliste doit exercer son corps æthérique (composé d'æther interne) tout comme un athlète exerce son corps physique. Voilà un exercice simple que vous pouvez intégrer à la douzaine æthérique que vous avez apprise dans la dernière leçon.

La prochaine fois, après avoir accompli la douzaine æthérique, c'est-à-dire quand vous aurez fait tous les exercices et que vous aurez réintégré votre corps æthérique, faites quelque chose de banal pendant que votre esprit vibre encore dans la fréquence astrale. Là où vous vous entraînez, quels sont les objets dont vous pouvez vous saisir et que vous pouvez utiliser ? Si vous avez correctement visualisé le plan æthérique qui vous entoure, ils devraient tous avoir l'air de doubles légèrement lumineux des objets matériels concrets. En restant sur une vibration mentale haute, allez prendre un objet et utilisez-le comme vous le feriez normalement. Faites des choses simples au début, il vaut mieux prendre une balle et la faire passer d'une main à l'autre que de lire un livre, car la lecture est plus gourmande en une concentration et en une réflexion dont vous avez besoin pour maintenir votre conscience dans la fréquence astrale.

Jeter une balle, plier du linge, manger un biscuit : toutes ces choses conviennent parfaitement pour l'exercice. En l'effectuant, il est important de penser non à l'activité elle-même mais aux mouvements que fait votre corps pour accomplir l'activité. Vos mains bougent, c'est sûr. Peut-être aussi vos jambes. Et votre tête ? Si vous avez choisi une tâche banale comme celles énumérées ci-dessus, il vous sera possible de réfléchir à la manière dont bouge votre corps et à la façon dont ce que vous pensez se traduit immédiatement en ce que vous faites, ou plutôt en ce qui est fait. Parce que votre æther interne est votre conscience, plus vous êtes conscient de votre corps, de ces mouvements et de ces fonctions, plus votre æther personnel se renforce.

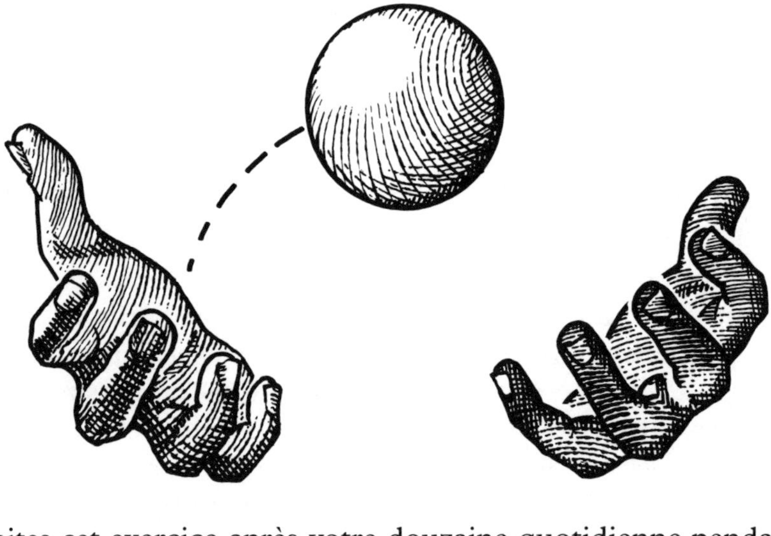

Faites cet exercice après votre douzaine quotidienne pendant quelques jours, et voyez si vous remarquez quoi que ce soit à propos de vous-même que vous ne saviez pas déjà. Il n'est pas nécessaire de continuer cet exercice tous les jours après cela, mais souvenez-vous qu'il est à votre disposition si vous avez besoin de renforcer la conscience que vous avez de votre corps.

Questions usuelles à propos de l'æther interne

Dans quelles circonstances l'æther externe devient-il interne et vice versa ?

La réponse à cette question est plus compliquée qu'il n'y paraît de prime abord, et, en fait, il n'y a pas de règles bien établies gouvernant ce qui est et ce qui n'est pas æther interne. Quels sont les exemples d'æther externe devenant interne dans le monde matériel ? Boire un verre d'eau, fumer une cigarette, même le simple fait de respirer sont tous des actes où un matériau externe est incorporé à nos corps. En tant qu'êtres æthériques nous pouvons absorber l'æther externe de façon similaire. En fait, nous faisons cela sans nous en rendre compte, car lorsque vous mangez un fruit dans le monde matériel, vous prenez l'æther du fruit tout comme vous prenez sa chair, et tous deux fournissent des substances nutritives à nos corps respectifs.

Pensez à l'avant-dernier exercice de la douzaine æthérique, *Attirez l'æther à vous*. Dans cet exercice, vous ramenez votre émissaire æthérique (l'æther interne expulsé du corps) à votre corps æthérique. Avec de l'expérience, vous pouvez consciemment amener de l'æther externe à votre corps æthérique.

L'æther externe a-t-il une personnalité propre ?

Oui, mais cette personnalité est la même que la vôtre. Dans de rares cas, la personnalité de l'æther d'un individu est sensiblement différente de celle de sa personnalité matérielle. C'est en général dû à une maladie mentale ou une possession par un esprit frappeur ou un être æthérique plus puissant qui commande la personnalité. Dans ces circonstances, l'æther interne appartient toujours à la victime, même s'il n'est plus sous son contrôle.

À quelle fréquence l'æther interne vibre-t-il ?
Je suis bien content que vous me posiez cette question, car elle nous amène au prochain point abordé.

Plusieurs corps, un seul être
Selon sa fréquence vibratoire, votre æther interne compose l'un des quelques corps sublimes qui existent en tandem avec votre moi matériel. La plupart du temps, votre æther interne vibre à une fréquence de l'échelle matérielle, bien que cela soit au plan æthérique. Nos personnes matérielles et æthériques peuvent exister simultanément grâce à l'existence du plan æthérique. Lorsque vous méditez et que vous élevez ou abaissez votre æther interne aux autres mondes de l'æther, votre conscience quitte sa forme matérielle æthérique normale pour prendre une forme plus adaptée au nouveau monde qu'elle habite.

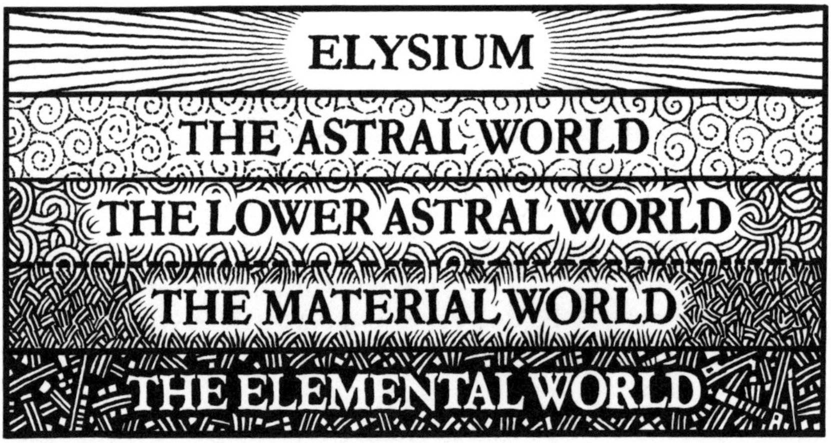

Si vous avez pratiqué la douzaine æthérique de façon régulière, vous avez peut-être déjà fait cette découverte renversante : à chaque fois que vous avez élevé la fréquence de votre cerveau à celle du monde astral, votre æther personnel a fait de même et a formé un corps astral. Pendant que vous effectuez les exercices, le corps astral occupe le même espace que votre corps physique. Dans cette leçon vous apprendrez les techniques pour déplacer votre corps astral pendant que votre corps physique reste immobile.

Les corps sublimes

Les corps élémentaires : la forme æthérique appelée corps élémentaire vibre à la fréquence æthérique la plus basse. C'est le plus dynamique de tous les corps sublimes, à cause de la nature bigarrée de l'échelle de fréquence élémentaire. Selon l'endroit que vous visitez dans le monde élémentaire, votre corps élémentaire sera ardent, aérien, aqueux, terreux ou se présentera comme une combinaison des quatre éléments. Dans certaines circonstances, on peut trouver le corps élémentaire dans le monde matériel.

Le corps matériel æthérique : ce corps est appelé « corps matériel æthérique » plutôt que « corps matériel » pour vous aider à ne pas le confondre avec le corps physique dont vous vous servez tous les jours dans le monde matériel. Votre conscience est dans sa forme matérielle æthérique quand vous vaquez à vos occupations quotidiennes, quand vous ne vous entraînez pas au mentalisme ou n'altérez pas les vibrations de votre esprit par la méditation ou par d'autres moyens. Vous utilisez votre corps matériel æthérique quand vous rêvassez, vous plaçant en des lieux ou des situations complètement imaginaires.

Le corps astral : vous utiliserez le corps astral pour accomplir la plupart des exploits et des techniques que vous apprendrez en tant que mentaliste. Le corps astral est un véhicule idéal pour le mentalisme et la manipulation de l'æther pour plusieurs raisons. La première est que, grâce à la conscience plus élevée à laquelle vous êtes parvenu par la méditation vibratoire astrale, votre esprit a atteint un degré de concentration suffisant pour le travail æthérique. Deuxièmement, le monde astral est un endroit remarquablement flexible ; il convient donc bien à vos expériences. Troisièmement, la variété d'êtres et d'énergies rencontrés dans le monde astral fournit une multitude d'expériences essentielles à vos progrès en mentalisme. Il y a d'autres raisons, moins importantes, pour lesquelles le monde astral est idéal pour le mentalisme, et en y effectuant vos études, vous ne manquerez pas d'établir votre propre liste.

Le corps élyséen : Le corps élyséen est la forme æthérique que prend votre conscience quand sa vibration atteint les limites les plus hautes du monde astral et le champ de Léthé qui sépare les fréquences du monde astral de celles du monde élyséen. À ce niveau d'étude, l'Élysée n'est que la plus reculée des destinations qu'il soit possible d'atteindre au cours de vos voyages æthériques, donc pour le moment nous ne nous attarderons pas sur les fonctions de ce corps sublime.

Premiers exercices

Les activités que nous exerçons tous les jours peuvent aussi être effectuées dans le monde astral. En fait, quelque chose d'aussi simple qu'un petit tour du quartier peut très bien servir d'introduction à la projection astrale. Le monde matériel offre de nombreuses illustrations de ce genre pour vous aider à mieux comprendre l'æther. Dans cette section, vous allez apprendre trois exercices du monde matériel qui vont vous préparer pour vos premières incursions dans le monde astral.

Exercice 17 : En éveil partout

Y a-t-il un petit trajet que vous effectuez régulièrement ? Peut-être vous rendez-vous à un petit commerce ou un arrêt de bus non loin de chez vous plusieurs fois par semaine, ou peut-être avez-vous intégré une petite promenade à votre programme d'exercice. Des petites marches de ce genre améliorent votre santé physique. Quand vous pratiquez le mentalisme, vous pouvez effectuer des promenades comme celle-là dans le monde astral pour améliorer votre bien-être æthérique !

Assurez-vous que le trajet que vous avez choisi est assez court, le tour du quartier, pas plus, et essayez ceci : les prochaines fois que vous irez vous promener, prenez le temps de noter les détails du monde qui vous entoure. Prévoyez une semaine au cours de laquelle vous effectuerez votre promenade d'une manière beaucoup plus consciente qu'a l'accoutumée. Prenez deux fois plus de temps que d'habitude pour observer le plus de choses possible. En chemin, regardez, écoutez et respirez les choses autour de vous, en faisant particulièrement attention aux sensations que vous ne remarquez pas habituellement. Respirez profondément, en vous imprégnant bien de l'atmosphère du lieu. Est-ce qu'il fait beau ? Y a-t-il beaucoup d'immeubles ? Devant combien d'arbres ou d'autres plantes passez-vous en marchant ? Y a-t-il beaucoup de gens alentour ?

En rentrant de votre balade, essayez de vous en rappeler ce que vous pouvez. Refaites le trajet dans votre tête, en passant, dans l'idéal, autant de temps à vous le remémorer qu'il ne vous en a fallu pour le parcourir. La mémoire peut être très sélective. Nous avons tendance à ne nous souvenir que des choses les plus évidentes ou les plus remarquables que nous voyons ou entendons. En tant qu'étudiant en mentalisme, vous devez vous rappeler tout ce que vos sens vous disent et tous les détails de ce que vous percevez. Au début vous vous souviendrez peut-être de votre parcours comme d'une série de sensations plus fortes reliées entre elles par d'autres moins mémorables. En exerçant vos souvenirs, votre mémoire va s'améliorer, améliorant par ricochet vos visualisations de ce trajet.

Exercice 18 : Apprendre à se connaître

Voici un exercice qui vous aidera à visualiser votre corps astral projeté. Tenez-vous nu dans la salle de bain ou dans toute autre pièce bien éclairée dotée d'un miroir en pied. Examinez votre reflet en vous tenant à un bras de distance du miroir. Vous connaissez déjà très bien votre corps, parce que vous l'habitez et l'utilisez constamment, mais à présent vous le regardez à la manière dont vous avez observé votre quartier dans l'exercice précédent. Appréciez bien les proportions de votre corps et regardez à quoi vous ressemblez de côté et de face. Regardez derrière votre épaule ou utilisez un autre miroir pour vous voir de dos. Puis fermez les yeux et prenez quelques minutes pour vous représenter votre reflet sous tous les angles. Ouvrez les yeux et comparez votre image mentale à la réalité du miroir. Faites-le plusieurs fois de suite. N'oubliez pas : vous essayez de construire une visualisation mentale forte de votre corps. Ce n'est pas le moment d'attacher de quelconques pensées positives ou négatives à l'image de votre corps. Essayez de rester aussi objectif que possible.

Maintenant tenez-vous très près du miroir, presque jusqu'au point de voir trouble. Regardez votre visage. Étudiez ses détails tout comme vous avez étudié les détails de votre corps. Une image mentale de votre visage est essentielle pour commencer la projection astrale, soyez donc très attentif. Maintenant fermez les yeux et visualisez votre visage. Pouvez-vous le voir ? Concentrez-vous sur son image à peu près une minute et ouvrez les yeux devant votre reflet. Votre image mentale est-elle proche de la réalité ? Continuez à étudier votre visage et à vous le figurer jusqu'à ce que vous le connaissiez bien.

Éloignez-vous du miroir et regardez à nouveau votre corps. Commencez à prendre conscience de votre respiration. Respirez à fond quelque temps et, sur une inspiration, fermez les yeux et représentez-vous votre corps. Sur l'expiration, ouvrez les yeux et regardez votre reflet. Faites cela plusieurs fois pour améliorer votre familiarité mentale avec votre corps, et répétez l'exercice en vous concentrant sur votre visage.

Quand vous aurez fini l'exercice, reposez-vous d'une telle introspection. Lisez un livre ou prenez l'air. Voyez d'autres gens. cela vous fera du bien et laissera les choses que vous venez d'apprendre pénétrer votre subconscient afin que vous puissiez vous les rappeler plus tard.

Exercice 19 : Une dissolution matérielle

Comme vous l'avez appris dans l'exercice *Fusées d'encre*, l'eau est un excellent médium pour illustrer les propriétés de l'æther. Dans l'exercice décrit ici, vous aurez besoin d'un bol d'eau (de préférence en verre transparent) rempli presque à ras bord, d'un crayon bien taillé et d'une petite boîte de sucres en morceaux.

Imaginez que le bol d'eau représente la pièce dans laquelle vous êtes. La pièce est remplie d'æther, comme elle l'est toujours, et vous êtes à l'intérieur. Avec vos doigts, placez précautionneusement un morceau de sucre au fond du bol. Maintenant regardez attentivement le sucre. Au bout d'un moment vous verrez le sucre commencer à se dissoudre. Observez le processus. Remarquez la façon dont le morceau solide se désagrège et se mélange à l'eau qui l'entoure. Notez bien la manière dont ce morceau se dissout. Mettez un autre carré de sucre dans le bol et regardez s'il se comporte de la même façon.

Lorsque vous aurez observé pendant un certain temps se dissoudre tout seuls ces deux premiers morceaux, mettez-en un troisième dans le bol. Remuez l'eau tout autour avec votre crayon, créant un tourbillon. Soyez bien attentif. De quelle façon le mouvement affecte-t-il la dissolution du morceau de sucre ? Essayez autre chose avec le crayon. Émiettez les bords du carré, enfoncez le crayon directement dans le centre, maniez-le uniquement de droite à gauche et remarquez la façon dont le sucre se désagrège lorsque vous le faites.

Effectuez ces expériences de nouveau le lendemain, prenant toujours note des différentes conditions affectant la dissolution du sucre. Couchez vos perceptions sur papier et n'oubliez pas non plus d'en garder trace mentalement. Essayez, au cours de votre session de méditation suivante, de vous rappeler la manière dont les carrés de sucre se sont dissous.

Un soi séparé

Cette section vous guidera tout au long de la formation de votre corps astral et de sa séparation d'avec votre corps matériel. Cet exercice revêtant une importance particulière, nous conseillons aux aspirants de lire cette section en entier au moins une fois avant d'en suivre les instructions.

Cet exercice devrait être effectué à la fin de votre session æthérique quotidienne, pendant que vous vibrez encore dans le monde astral, et 24 heures après avoir pratiqué l'exercice *Apprendre à se connaître*, présenté plus haut. Si plus de 24 heures se sont écoulées, il vaut mieux faire marche arrière et recommencer l'exercice du miroir. Cependant, souvenez-vous d'attendre le jour suivant pour essayer l'exercice, pour laisser à votre esprit quelque repos et être sûr de pouvoir réellement vous en souvenir.

Exercice 20 : Projection du corps astral

Allongez-vous sur votre lit ou par terre près d'un mur, face au plafond. Quand vous maîtriserez mieux cette technique, vous pourrez l'essayer debout ou assis, mais pour le moment, il est plus sûr de tenter la projection astrale sur le dos, pour ne pas avoir à vous préoccuper de garder l'équilibre.

Dans l'ancrage matériel æthérique que vous effectuez dans la douzaine æthérique, vous vous servez de vos liens du pied. Ils continuent à fournir l'ancrage le plus ferme quand vous êtes sur le dos. Toujours dans la position allongée, mettez, si possible, vos pieds nus contre le mur, pour maintenir un contact physique entre les plantes de vos pieds (et leurs liens æthériques respectifs) et le monde matériel.

Si vous venez de faire la douzaine æthérique, votre conscience vibre déjà dans l'échelle astrale basse. Vos premiers voyages astraux auront lieu dans cette vibration. Pour le moment, votre corps astral occupe exactement le même espace que votre corps physique. Vous devez à présent transférer votre conscience hors de votre forme matérielle. Il vous faut tout d'abord pour cela former une image mentale très claire, très précise de votre corps.

Gardez la profonde méditation utilisée pour vos exercices æthériques, concentrez-vous sur votre respiration. Si cela vous aide, pensez au monde astral comme à une vague d'énergie d'un bleu sombre qui vous submerge, comme vous l'avez fait auparavant. Restez dans cet état une minute ou deux avant de continuer.

Quand vous serez prêt, cessez de vous concentrer sur votre respiration pour reporter cette concentration sur les souvenirs de votre visage dans le miroir, le soir précédent. Prenez tout votre temps pour former une image mentale claire de votre visage, avec tous ses détails. Pensez-y très fort. Imaginez ce visage flottant directement au-dessus de votre propre visage, de telle sorte que vous en regardez un reflet, tout comme hier soir. La différence est que cette fois le visage est réel.

Après avoir établi une bonne représentation de votre propre visage flottant directement au-dessus du vôtre, portez votre attention sur votre lien poitrinaire. Depuis ce portail minuscule dans votre plexus solaire vous devez maintenant émettre une bonne quantité d'æther personnel.

Il ne faut pas que cela vous effraye. Au cours de vos voyages astraux, vous aurez en permanence le contrôle de votre corps æthérique. Il n'y a pas de danger à émettre cet æther interne. Commencez doucement, laissant l'æther venir de votre lien poitrinaire comme un jet continu de fumée ou de vapeur. Il devrait se fondre juste au-dessus de vous en un nuage de forme vaguement humaine. Laissez votre conscience changer graduellement avec cette émission, pour prendre en compte l'espace au-dessus de votre corps physique.

Émettez assez d'æther pour constituer un nuage à peu près de la taille de votre corps, même s'il a l'air un peu vaporeux. Maintenant restez sur ce mode une minute environ, votre conscience séparée entre votre corps matériel et le nuage d'æther au-dessus de lui.

À présent, fixez le nuage d'æther et regardez le visage que vous avez formé à l'intérieur. Prenez le temps de vous assurer que le visage reste aussi près que possible du vôtre, une vision régulière affichant tous les traits. Les yeux sont les mêmes, la structure faciale, les lèvres, le nez et les cheveux sont tous les mêmes. C'est une étape très importante, prenez votre temps. Rien ne presse.

Quand votre visualisation sera assez forte, gardez-la en tête et sentez votre conscience remplir le nuage. La visualisation de votre visage, et en particulier des yeux, ancre votre conscience changeante pendant qu'elle passe de l'intérieur de votre corps matériel à l'espace juste au-dessus de lui. Clignez des yeux quand nécessaire, gardant le visage, dont les yeux clignent aussi, juste au-dessus du vôtre. Une fois que vous aurez fini d'amener votre conscience jusqu'à l'espace flottant, clignez des yeux une nouvelle fois et réalisez que le visage que vous voyez n'est plus le visage de votre équivalent astral, ce double flottant fait d'une telle quantité de la substance qui, par essence, vous constitue. Non, le visage que vous voyez est celui de votre corps matériel, et vous le regardez du dessus. Votre conscience flotte maintenant librement au-dessus de votre forme physique.

Vos premiers mouvements dans votre corps astral ne devraient pas être trop difficiles si vous y allez lentement. Flottez plus haut dans la pièce jusqu'à ce que votre corps astral soit à environ 1,5 m au-dessus de vous. Continuez de vous concentrer sur le visage au-dessous de vous de façon à ne pas être désorienté. Une fois que vous êtes suffisamment haut, posez vos pieds astraux au sol de façon que votre corps astral se tienne debout. Une fois cela fait, respirez profondément et regardez autour de la pièce. Que voyez-vous ? Est-ce que tout est comme vous vous en souvenez ?

Vous verrez qu'il n'est pas vraiment nécessaire de marcher quand votre conscience est sous cette forme. Pensez seulement à l'endroit où vous voulez aller, et vous glisserez jusque-là, vos pieds juste au-dessus du sol. Essayez. Prenez le temps de vous déplacer dans la pièce ou même dans la maison sous votre forme astrale. Ne quittez pas la maison durant ce voyage, l'exercice qui suit vous guidera dans votre premier voyage astral « extérieur ».

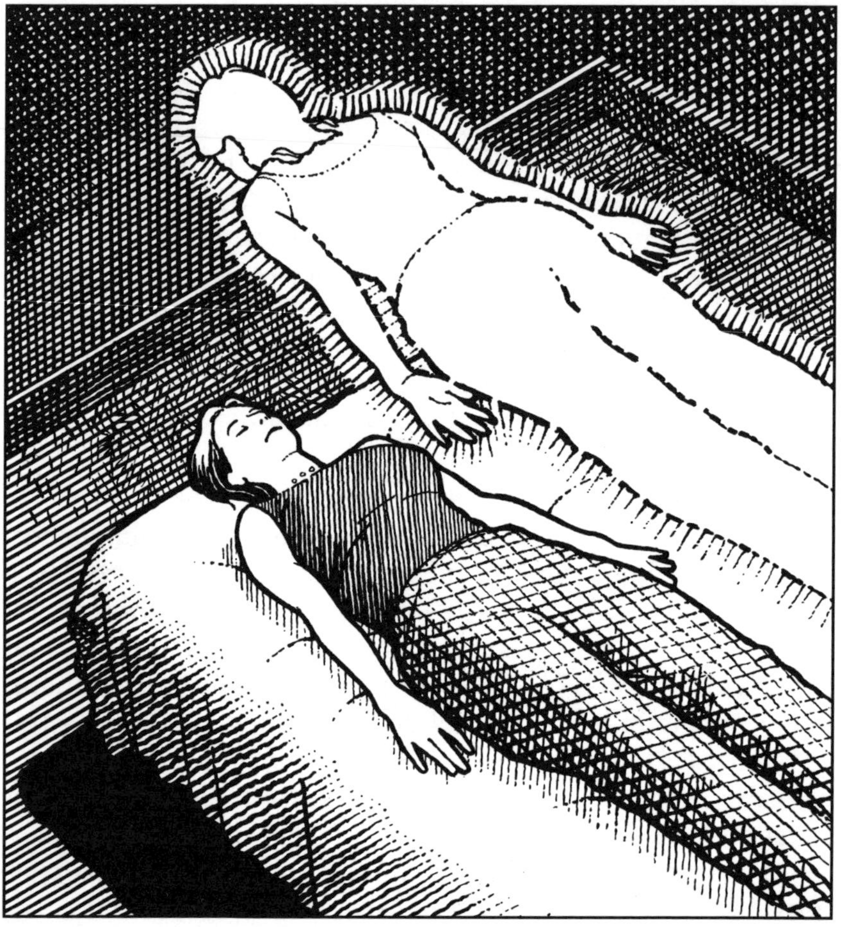

Même si c'est peu probable, vous pouvez croiser un ou plusieurs esprits élémentaux ou autres êtres æthériques au cours de votre premier voyage. Ne vous alarmez pas. Presque tous ces êtres sont inoffensifs, et la plupart ne vous remarqueront même pas pendant qu'ils vaqueront à leurs occupations æthériques. Si jamais ils vous effraient et que vous ne souhaitez pas rester en leur compagnie, quittez simplement l'endroit. Si vous vous sentez plus en sécurité plus près de votre corps physique, rapprochez-vous de lui.

Quand vous serez prêt, commencez à réintégrer votre æther personnel. Faites cela graduellement, car une réunion rapide de vos deux êtres peut causer un choc mental déplaisant. Vous pouvez réintégrer votre corps avec succès en inversant simplement le processus par lequel vous vous êtes d'abord projeté. Faites flotter votre corps astral au-dessus de votre forme matérielle allongée, dans l'idéal, à moins de 30 centimètres. Alignez votre visage astral avec votre équivalent matériel, et concentrez-vous sur votre respiration. Prenez le temps de vous souvenir de tout ce qui a trait au corps dans la vie quotidienne, la manière dont votre corps matériel ressent les choses. Laissez ce sentiment croître lentement en vous, une réalisation graduelle dans tout votre corps à mesure que vous ramenez votre conscience à son état terrestre.

Maintenant fermez les yeux, respirez profondément, retenez votre souffle, et au moment où vous expirez, ouvrez vos yeux pour voir le plafond de la pièce. Vous êtes de retour dans votre corps physique. Ramenez graduellement votre vibration au monde matériel. Il n'y a pas urgence. Détendez-vous et respirez un moment dans la vibration matérielle. C'est sans doute assez exaltant.

Vous venez de faire votre premier voyage astral hors de votre corps physique. Bravo !

Ascension

C'est un moment très excitant de votre développement æthérique. Vous venez de revenir de votre premier voyage astral, et, bien qu'il ait été très bref, ce fut un épisode incroyablement important. Cette section vous guidera dans votre première excursion astrale un peu plus éloignée. Vous êtes bien préparé pour ce voyage, parce qu'il suivra la route que vous empruntez lors de vos promenades quotidiennes. Cette fois, cependant, vous ferez le trajet en utilisant votre corps astral.

Exercice 21 : Votre voisinage astral

Il est bon d'effectuer cet exercice un jour où vous êtes allé vous promener dans le quartier, puis vous vous êtes attaqué à la douzaine æthérique. Comme l'exercice précédent, celui-ci devrait être effectué couché sur le dos, la plante des pieds posée contre le mur. Suivez la procédure pour former votre corps astral et faites-le flotter juste au-dessus de votre forme allongée.

Une fois que votre conscience a été transférée à ce corps suspendu et que vous vous sentez bien dedans, mettez vos pieds à terre et regardez autour de vous. Vous avez déjà quitté votre corps au moins une fois auparavant. Avez-vous remarqué quoi que ce soit de changé depuis la dernière fois ? Regardez votre forme matérielle, respirant à l'unisson avec vous. Tout ira bien pour elle quand vous serez parti. Si jamais vous êtes en danger, votre corps astral et votre corps matériel se rejoindront en un instant. N'ayez pas peur.

Maintenant dirigez-vous vers votre porte d'entrée. La distinguez-vous clairement ? Quand vous l'aurez atteinte, ouvrez-la. Passez-la et refermez-la derrière vous. Faites une pause. Pensez à respirer.

Flottez à quelques mètres de la porte et regardez autour de vous. Imprégnez-vous du paysage. Que voyez-vous ? Respirez profondément et savourez l'air. L'air extérieur est différent de celui de la maison. Prenez le temps de vous accoutumer à la scène, puis commencez votre petit tour du quartier.

Déplacez-vous à une allure normale en chemin, si ce n'est un peu plus lentement que d'habitude. Il y a beaucoup à voir, beaucoup à entendre. Que remarquez-vous ? Le ciel vous semble-t-il familier ? Regardez les immeubles et le sol autour de vous. Y a-t-il des arbres ? Y a-t-il des gens ? Continuez à vous déplacer mais restez activement conscient de ce qui se passe autour de vous.

Continuez votre route jusqu'à son point le plus éloigné, si vous le pouvez, puis faites demi-tour et retournez vers la maison. À part l'attitude flottante et planante que prend votre corps au cours de ces vols astraux, pensez à vous déplacer aussi normalement que vous le faites habituellement, utilisant vos mains pour ouvrir et fermer la porte en rentrant. Retournez dans la pièce où vous pratiquez vos exercices. Vous retournerez de votre æther personnel à votre corps matériel comme vous l'avez déjà fait, en flottant au-dessus et vous regardant droit dans les yeux. Continuez à respirer. Fermez les yeux et visualisez votre corps æthérique se solidifier, s'alourdir, s'ancrer davantage dans le monde matériel.

Quand vous serez revenu à votre forme physique, et quand vous serez prêt, ouvrez les yeux. Il est normal de se sentir un peu désorienté après une session de projection astrale. Prenez le temps de retrouver vos repères, une fois de retour dans la vibration matérielle. Restez immobile et pensez à votre voyage. Si vous avez diminué lentement et régulièrement votre vibration sur le chemin du retour vers le monde matériel, vous n'avez pas de contrecoup à craindre. Allez-y lentement. Il est même possible que vous vous sentiez revigoré et excité une fois de retour. Après tout, vous venez d'accomplir quelque chose d'incroyable !

Aller plus haut

Si vous avez suivi les instructions qui vous ont été données jusqu'ici, tous vos voyages astraux se sont pour le moment cantonnés à des lieux parcourus lors de vos promenades matérielles, autour de votre maison et du quartier dans lequel vous vivez. Sans doute êtes-vous impatient de réaliser quelque chose d'un peu plus spectaculaire dans vos projections astrales. Peut-être pensez-vous à voler plus haut vers des lieux moins inaccessibles.

Même si les humains ne sont pas des créatures volantes, nous avons tous rêvé (éveillé ou endormi) de survoler la terre à un moment ou à un autre, espérant peut-être échapper à la morne réalité du dessous ou juste pour ressentir l'excitation de pouvoir se mouvoir librement au milieu des nuages.

Si tel est le cas, la barrière que l'aspirant mentaliste doit surmonter pour effectuer un vrai voyage astral (c'est-à-dire un vol astral non limité par la gravité) n'est pas d'imaginer l'acte de voler, c'est de le visualiser. Comme vous l'avez appris jusqu'ici, l'imagination est le point de départ de tout mentalisme, mais avant qu'une idée imaginée puisse avoir une validité dans le monde matériel ou le monde astral, il faut qu'elle soit visualisée avec une grande concentration.

Les expériences quotidiennes peuvent vous aider à visualiser le vol astral. Dans la mesure du raisonnable, il serait préférable d'avoir une expérience matérielle aussi proche que possible de votre vol astral.

Je dis « dans la mesure du raisonnable » car je ne veux pas vous encourager à mettre votre corps physique en danger au cours de vos études æthériques. En fait, un des plus gros avantages du mentalisme est que l'aspirant peut utiliser son esprit pour faire des choses qui sont impossibles pour le corps matériel.

Donc, s'il vous plaît, n'allez pas dehors vous jeter du haut d'une falaise pour trouver la sensation de vol nécessaire à l'exercice. L'æther dans le monde astral se comporte quelquefois comme l'eau, donc si vous voulez exceller dans le vol astral, il serait bon d'avoir expérimenté la façon dont votre corps se déplace sous l'eau. Nagez souvent, en notant minutieusement la sensation de l'eau baignant votre corps. La plongée sous-marine est également recommandée, car la plongée prolongée vous accoutumera aux mouvements de flottaison dans un autre monde.

Pouvoir vous figurer à quoi ressemble la terre vue du dessus est aussi important que la sensation de voler. Prenez-vous parfois l'avion ? La prochaine fois que vous en aurez l'occasion, faites particulièrement attention au sol au-dessous de vous. À quoi ressemble-t-il ? Pouvez-vous voir votre maison depuis le ciel ? Étudiez des cartes de votre ville, en inspectant de près votre quartier. Puis allez dehors et comparez ce que vous voyez sur les cartes avec les maisons et les caractéristiques géographiques concrètes. Montez sur votre toit et regardez autour de vous. À quoi ressemble votre quartier vu de là-haut ? Quand vous serez prêt, essayez donc de visiter, au plan æthérique, les cieux dominant votre ville.

Résidu psychique

Lorsque vous vous déplacez sur le plan æthérique, vous laissez une piste derrière vous, un résidu psychique similaire aux signes et aux odeurs laissés par un animal se déplaçant à travers la forêt. Cette piste résiduelle est faite d'æther interne qui se détache de votre corps æthérique quand vous testez de nouvelles expériences et sensations. Dans le monde matériel comme dans le monde æthérique, cette piste est un des moyens dont vous disposez pour vous souvenir des lieux que vous avez visités et des choses que vous avez faites. La piste est presque imperceptible pour les mentalistes débutants, qui verront les corps æthériques comme des formes lumineuses ayant l'air de traîner à leur suite une image rémanente floue, de quelques centimètres de longueur. Les mentalistes expérimentés voient clairement les résidus psychiques et peuvent les utiliser pour pister d'autres êtres æthériques ou pour déterminer quels types d'intelligences sont passés par tel endroit du monde astral. C'est cette piste de résidus æthériques que votre corps astral suit pour retourner à votre corps matériel. Même s'il vaut mieux revenir sur vos pas pour retourner à votre corps matériel à la fin d'un vol astral, votre conscience et toutes vos facultés sont capables, au besoin, de regagner instantanément votre corps physique en suivant la piste psychique résiduelle.

Ménage æthérique

De temps en temps, vous pourrez trouver utile de nettoyer un espace semblable à une pièce pour l'utiliser comme atelier mental sur le plan æthérique. Peut-être êtes-vous tourmenté par des pensées distrayantes et avez-vous besoin de focaliser votre attention sur quelque chose en particulier. Peut-être n'avez-vous pas la possibilité de vous entraîner dans l'endroit tranquille que vous utilisez habituellement et que vous avez besoin de trouver le calme au milieu d'un environnement bruyant.

Souvenez-vous de l'exercice sur le sucre présenté précédemment. Dans cet exercice vous avez regardé le sucre se dissoudre lentement dans l'eau environnante. Avec une bonne visualisation, vous pouvez mentalement dissoudre des objets sur le plan æthérique, en annulant temporairement leur influence sur vous. Cette technique, comme toutes celles que vous avez apprises, n'a pour limites que votre imagination.

Exercice 22 : Dissolution des objets familiers

Commencez par cet exercice simple. Dégagez le lieu où vous vous entraînez de tout objet, à l'exception d'une chaise, d'un livre, d'un verre d'eau et d'une paire de chaussures. Asseyez-vous sur la chaise, face aux objets, et entrez en méditation dans la fréquence astrale basse. Visualisez la pièce, ses murs définissant les limites de l'espace qui deviendra votre atelier æthérique. Visualisez le livre, le verre d'eau, la paire de chaussure au milieu de la pièce, et vous-même, assis sur la chaise. Pensez au livre ; focalisez votre attention dessus. Le livre représente un objet ou une pensée barrant le passage à votre concentration. Il doit être retiré de l'espace pour que vous puissiez continuer. Regardez attentivement le livre (vous pouvez le faire les yeux ouverts ou fermés, comme vous préférez), de si près que vous pouvez discerner la texture de sa reliure. Toutes les surfaces ont une texture, même si au premier coup d'œil elles paraissent lissent. Regardez la texture de la reliure du livre, et en même temps imaginez un tourbillon d'æther l'emporter petit à petit. Des morceaux s'en détachent, flottent au-dessus de la reliure, et se dissolvent dans le néant. Continuez à vous concentrer sur le livre. Une fois la couverture réduite en morceaux et disparue, laissez les pages se détacher. Regardez-les flotter au-dessus du livre et se désintégrer rapidement, rejoignant le flot éternel de l'æther. Restez sur cette pensée jusqu'à ce que tout le livre se soit dissous. Si vous voulez, visualisez une pointe d'æther réduire le livre en morceaux, tout comme votre crayon avec les morceaux de sucre dans l'exercice précédent.

Vous devez vous demander si le livre est maintenant détruit ? Non, il ne l'est pas, pas le moins du monde. Ce que vous avez fait est de dissoudre la pensée du livre, l'image du livre dans votre esprit. Si vous regardez à nouveau, vous verrez le livre à sa place, plus solide que jamais. Essayez de ne pas le faire, cependant ; reportez votre attention sur le verre d'eau, puis sur les chaussures, et dissipez-les de la même façon, comme s'ils étaient faits de sucre et immergés dans une piscine tumultueuse.

Quelles difficultés avez-vous remarquées en dissolvant ces autres objets ? Le verre s'est-il brisé ou s'est-il dispersé comme le livre ? L'eau du verre s'est-elle évaporée en disparaissant, ou s'est-elle asséchée dans le néant, comme si quelqu'un la buvait avec une paille invisible ? Avez-vous vu les lacets des chaussures se dénouer avant de se dissoudre, les éléments des chaussures se détacher comme s'ils étaient désassemblés à la main, ou est-ce que la chaussure s'est désagrégée comme si elle était faite d'une seule substance, comme vous et moi savons qu'elle l'est ?

Une fois que vous avez dissous ces trois objets, reposez-vous un peu dans votre méditation et profitez de la pièce maintenant vide. Est-ce que cela demande beaucoup d'effort de garder les objets invisibles ? Continuent-ils à apparaître ? Maintenez la pièce vide pendant au moins cinq minutes avant de permettre aux objets de revenir. Il n'est pas nécessaire de les recréer dans l'æther. Vous vous apercevrez que les objets réapparaissent sans que cela vous coûte. Il suffit juste de les remarquer à nouveau.

Le paradoxe de cet exercice est que dans l'æther la pensée est la réalité. Les choses auxquelles vous essayez de ne pas penser sont justement celles qui surgiront devant vous. Il est essentiel que vous appreniez à nettoyer votre esprit de toute pensée, vous vidant comme vous venez de vider la pièce. Vous ne parviendrez à ce résultat qu'au moyen d'une méditation régulière sur le sujet.

Il vous semblera peut-être facile de dissoudre des choses comme les livres et les verres d'eau ; il n'est pas plus difficile de fermer les yeux et d'oublier leur présence. Loin des yeux, loin de l'esprit, après tout. Mais comment débarrasser une pièce de bruits indésirables ? Et d'odeurs ? Vous devez apprendre des techniques qui vous aideront à débarrasser votre esprit des sensations importunes. Entraînez-vous dans un café bondé, en vous concentrant sur une première conversation pendant un moment, puis sur une autre. Puis laissez le brouhaha de voix se mêler et, en fermant vos yeux et vos oreilles mentales, réduisez la cacophonie à rien. Mémorisez les odeurs, y compris l'absence d'odeur, et rapportez-les quand nécessaire. Avec de l'entraînement cela deviendra facile.

Le gardien du seuil

De Lestrygoniens et de Cyclopes, de féroce Poséidon, vous ne rencontrez jamais si vous ne les portez pas dans votre âme, si votre âme ne les dresse pas devant vous.

CONSTANTINE P. CAVAFY, *Ithaca*

En tant qu'humain, chacun de nous porte en soi un formidable bagage psychique. Souvent le résultat d'expériences de l'enfance, ce fardeau mental nous pèse et entrave notre capacité de maîtriser l'æther. Afin de pouvoir avancer dans vos études en mentalisme, il est nécessaire de faire le point sur le fardeau qui est le vôtre et de vous libérer de son poids.

Comme il le fait toujours, l'æther donne aux aspirants une représentation très concrète de ce fardeau psychique. Il est appelé le gardien du seuil, et vous le rencontrerez dans le monde astral au cours de vos premiers voyages.

Le gardien se montre à chacun de nous sous une forme unique. Le gardien peut apparaître à quelqu'un comme une grande bête tapie au milieu d'une route. Pour quelqu'un d'autre, le gardien est un mur de brouillard ou un champ sans fin qui ne peut être traversé. Peu importe son apparence, dans chaque cas le but du gardien est le même : vous arrêter net dans vos progrès æthériques.

Cela semble injuste, vous ne trouvez pas ? Vous voilà sur le point d'accomplir de grandes choses sur le plan æthérique, et cette créature, ce monstre, vous barre maintenant la route. Pourquoi ?

Ça, cher aspirant, c'est une question à laquelle vous êtes le seul à pouvoir répondre. Car si le gardien semble différent à chacun de nous, c'est qu'il est différent. Il est fait de tous vos échecs passés, de vos peurs, de vos incertitudes. Tout ce qui vous a toujours empêché de réaliser vos désirs et de vivre vos rêves est présent dans la chair de cette créature troublante, qu'elle prenne l'apparence d'une mer sans fond ou d'un serpent insensible.

Faire face au gardien n'est pas si affreux que vous pourriez le croire. En un sens, le gardien vous donne une opportunité, en vous forçant à vous battre avec tout ce qui vous à toujours retenu, à examiner les raisons pour lesquelles vous limitez votre propre capacité, qui est phénoménale, en croyant des mensonges sur ce que vous êtes ou ce que vous pouvez accomplir. En mettant tout à plat devant vous maintenant, alors que vous êtes à la veille d'un merveilleux développement personnel, le gardien vous rend en réalité un grand service.

Exercice 23 : Franchir le seuil

Les Égyptiens antiques croyaient, entre autres, à l'existence d'un être similaire au gardien, qui défendait le point de passage entre la vie et la mort. Le rôle du gardien æthérique que vous rencontrerez n'est pas très différent, car quand votre route croise la sienne c'est pour vous la fin d'une vie, celle du commun des mortels, et vous entrez de plain-pied dans votre nouvelle vie de mentaliste.

En dépit de son apparence extérieure, qui comme vous le savez maintenant peut prendre n'importe quelle forme, le gardien n'est pas une entité unique mais un amalgame d'innombrables formes-pensées élémentaires, chacune représentant un aspect particulier de votre vie qui vous a étouffé ou retenu. Tout comme le gardien, ces créatures peuvent apparaître comme quelque chose n'ayant rien à voir avec leur vraie nature, mais quand vous verrez chacune d'elles, vous réaliserez bientôt ce que c'est. Ces élémentaux vous apparaîtront indépendamment du gardien, se séparant un à un de la forme maîtresse. Vous devez rencontrer chacun d'eux, et comprendre la part qu'il a jouée dans votre vie. Il doit alors être dissipé en utilisant la technique précédemment apprise.

Quand vous dissolvez l'élémental, vous ne l'écartez pas momentanément de votre mémoire ou ne le dégagez pas temporairement de l'espace où vous vous tenez, comme vous l'avez fait avec le verre d'eau et le livre. Non, vous faites quelque chose de beaucoup plus puissant. En dissolvant chaque élémental du seuil, vous acceptez l'influence de celui-ci dans votre vie et lui faites clairement comprendre que vous ne le laisserez plus vous retenir.

Le travail que vous réalisez ici est mental, c'est pour le bien de votre esprit. Ce processus ne vous débarrassera pas de vos mauvaises habitudes ni n'empêchera les pensées déplaisantes, mais vous ne serez plus contraint par elles.

Attendez-vous à ce que le processus soit dur au point de vue émotionnel, car il ramènera à la surface les vieux souvenirs et les vieilles expériences que vous pouviez avoir enfouis. Ce processus est lent, ne vous attendez pas à ce qu'il soit facile ou rapide. Prenez le temps qu'il faudra. Il se peut qu'il faille plus d'une session avec le gardien pour faire le tour de tous ses aspects. Ce n'est pas grave, ce n'est pas la peine de vous faire violence. Prenez votre temps au seuil, assez longtemps pour apprécier ce que vous êtes en train de faire pour vous-même. Vous apprécierez le temps que vous aurez pris, parce que l'expérience est profondément personnelle et gratifiante, et elle fera de vous une personne plus accomplie.

Une fois que vous vous serez réconcilié avec le gardien, vous pourrez facilement franchir le seuil, et passer à la nouvelle étape de votre développement mental et de votre vie. Après cela, vous ne rencontrerez plus jamais cet être.

Dans un sens, franchir le seuil, sera l'une de vos plus fabuleuses prouesses en mentalisme, parce que vous triompherez de vous-même, de votre passé, et de toutes les choses qui vous ont entravé.

Tout est æther.

Le mentalisme est le pouvoir sur l'æther.

Et en fin de compte, rien ne vous retient plus vraiment, non ?

Poursuivre

Dans cette leçon un certain nombre d'exercices pratiques, à effectuer dans le monde astral, ont été proposés à l'aspirant mentaliste. Sans doute y en a-t-il beaucoup d'autres que vous aimeriez essayer. Expérimentez donc !

Entraînez-vous au vol astral et tentez les prouesses qui vous viennent en tête. Le voyage astral est une expérience dynamique et fantastique. Essayez d'en tirer le maximum. Utilisez les techniques que vous avez apprises ici pour faire des choses que vous ne feriez normalement pas avec votre corps matériel, allez à des endroits qu'il vous est impossible de visiter physiquement.

Essayez les expériences psychiques que vous avez apprises plus haut dans ce livre. La clairvoyance, la télépathie et la télékinésie vous sembleront peut-être très différentes en vous projetant. Remarquez la façon dont vos pensées affectent votre environnement, la manière dont même vos rêveries le modifient imperceptiblement.

Dans le monde astral, gardez à l'œil les autres êtres æthériques. La plupart d'entre eux sont inoffensifs, et beaucoup ne prêtent même pas attention à vous. Vous êtes comme des poissons nageant dans un vaste océan, chaque habitant vaquant à ses affaires. Mais restez quand même conscient qu'il y a des êtres æthériques là-dedans qui veulent du mal aux autres. L'æther est une substance transparente dans laquelle la motivation ou le but d'un être sont souvent clairs quand vous le rencontrez, mais les êtres æthériques puissants peuvent projeter un écran de fumée mental qui masque leurs vraies intentions. Soyez prudent.

Et surtout, profitez de votre nouveau savoir et travaillez à utiliser l'æther à des fins utiles. Continuez à pratiquer la douzaine æthérique, et méditez sur ce que l'æther signifie pour vous.

DE MORTUIS NIHIL NISI BONUM

CINQUIÈME LEÇON
LE MONDE DES ESPRITS

Les vivants et les morts — Des siècles de spiritisme
Le spiritisme aujourd'hui — Questions des lecteurs
L'æther et l'au-delà — Où allons-nous quand nous mourons ?
Un mot pour les croyants — Un autre pour les non-croyants
La nature des esprits — Les esprits humains
Les esprits animaux — Les fantômes — Les médiums parmi nous
Le tout nouveau monde — Renforcer l'attention
Le pouvoir des fantômes — Un compagnon fantôme
Tendez-leur la main — Sentir les esprits
Le spiritisme dans la vie quotidienne
Les esprits nous entourent — Même vous

« La mort n'existe pas, les morts n'existent pas. »
INSCRIPTION SUR LA STÈLE ÉRIGÉE DEVANT LE COTTAGE DE LA FAMILLE FOX, HYDESVILLE, NEW YORK

CONNAISSEZ-VOUS DES GENS QUI SONT MORTS ? Voudriez-vous revoir leurs visages ou leur parler une dernière fois, ne serait-ce que pour leur dire que vous les aimez ? Vous êtes-vous jamais demandé si les plantes pensaient ou si elles avaient une âme ? Qu'est-ce que cela signifie quand certains de vos biens comptent plus pour vous que certains de vos amis ? La pratique du spiritisme, une des spécialités du mentalisme, vous permet de trouver des réponses à ces questions. En utilisant vos connaissances de bases sur l'æther, vous avez maintenant une chance d'explorer le monde des esprits et de rencontrer ses habitants, qu'ils soient les doubles æthériques d'humains, de plantes, d'animaux ou même d'objets apparemment inanimés.

Durant la vie, le corps æthérique peut servir à bien des choses. Il sert à réaliser des psychismes, tels que les exercices de clairvoyance et de télékinésie que vous avez essayés. La projection astrale est une pratique que vous avez apprise dans la leçon précédente, et à présent vous avez sans doute découvert de nombreux avantages à savoir cette technique. Parmi tous ces usages, peut-être souhaiteriez-vous développer la possibilité de tenir congrès avec d'autres doubles æthériques ?

Le monde spirituel est un endroit animé et excitant. En pratiquant les exercices de spiritisme présentés dans cette leçon, vous pourrez accéder à ce royaume fascinant, un lieu auquel peu de gens ont accès durant leur vie sur terre.

LES VIVANTS ET LES MORTS

Des siècles de spiritisme

Les esprits sont présents dans les histoires humaines depuis la nuit des temps. La première mention d'un esprit dans une histoire écrite remonte à l'Épopée de Gilgamesh, un conte babylonien datant de 2000 av. J.-C. environ. La croyance en un retour des âmes des morts dans le monde des vivants date de bien plus longtemps, cependant. Des restes humains provenant de sites funéraires ont montré que certains de nos ancêtres étaient enterrés pieds et poings liés, ou lestés par des pierres, portant les archéologues à croire que les premiers hommes cherchaient à prévenir le retour des esprits. D'autres cultures ont des traditions similaires, qu'elles continuent à respecter.

Le mouvement de spiritisme moderne doit son origine au philosophe suédois Emanuel Swedenborg, mentaliste et auteur qui a visité les esprits des rois, des papes et des saints, consignant ses expériences par écrit et fondant une église.

Le travail de Swedenborg a, plus tard, énormément influencé les investigateurs du monde des esprits, y compris William Blake.

La paternité littéraire nous rend tous immortels d'une certaine façon, mais Swedenborg n'était apparemment pas satisfait de n'influencer qu'indirectement les futures générations de mentalistes. Près de 80 ans après sa mort, l'esprit de Swedenborg et le fantôme de Galien, un penseur grec du IIe siècle, sont apparus au cordonnier américain Andrew Jackson Davis. La conversation qu'ils eurent tous trois a changé la vie de Davis, et deux ans plus tard il avait produit le manifeste de spiritisme *The Principles of Nature, Her Divine Revelations, and a Voice to Mankind*, dans lequel il prédisait que le monde des esprits allait faire la preuve de son existence par une « démonstration vivante ».

Après la publication de ses *Principles*, Davis attendit que survînt le prodige annoncé, et le 31 mars 1848 il nota dans son carnet : À l'aube ce matin, un souffle chaud a caressé mon visage et j'ai entendu une voix, tendre et forte, disant : « Frère, le travail salutaire a commencé ; une démonstration vivante est advenue. »

Ce même jour, deux petites filles de Hydesville à New York eurent un premier échange avec le monde des esprits. Ces communications allaient bientôt devenir célèbres. Kate Fox âgée de sept ans et sa sœur Margaret âgée de dix ans sont entrées en contact avec le fantôme d'un colporteur assassiné qui hantait le cottage familial. Elles s'aperçurent que l'esprit pouvait répondre aux questions qu'on lui posait en produisant des sons secs et perçants (un pour oui, deux pour non) qui ne pouvaient s'expliquer autrement.

La conformité entre la note dans le carnet de Davis et les débuts des sœurs Fox dans la profession de médium inaugura une ère d'intense intérêt pour le spiritisme qui embrasa la société américaine et européenne. Kate et Margaret Fox partirent en tournée dans ces deux continents, pour y faire la démonstration de leurs facultés remarquables. Le *London's*

Ghost Club et *La British Society for Psychical Research* furent créés pour mener de plus amples recherches sur le monde des esprits. Les séances de spiritisme devinrent des événements réguliers dans les maisons bourgeoises et celles de la haute société, et l'intérêt général pour les esprits atteignit un niveau inconnu jusqu'alors et inégalé depuis.

Le spiritisme aujourd'hui

La ferveur associée au spiritisme qui a culminé à la fin du XIXe siècle n'est plus, mais certaines des expériences initiées à cette époque se pratiquent encore. Les planches Ouija et les livres sur le sujet continuent à bien se vendre. Les médiums passent des petites annonces dans la presse locale et les shows télévisés ont pour vedettes des spirites évangélistes qui promettent de mettre les spectateurs en contact avec les esprits de leurs chers disparus.

Les apparitions des fantômes ne sont pas fonction de leur degré de popularité. Ils n'ont que faire de la mode, des pubs et des programmes télé. Non, les esprits ont leurs propres raisons, leurs propres agendas. Dans cette leçon, nous examinerons les différents êtres désireux de communiquer avec nous par-delà le voile de la mort et la manière dont nous pouvons partir nous-même à leur recherche.

Questions des lecteurs

Avant de commencer notre examen des différents types de doubles æthériques qui composent le monde des esprits, permettez-moi de répondre à quelques questions usuelles sur le sujet.

À quoi ressemblent les esprits ?

La culture populaire, telle qu'elle nous est présentée dans les livres et les films, brosse un portrait quelque peu limité de l'esprit lambda. Il est souvent décrit comme une silhouette semi-transparente, revêtue d'un peignoir lâche ou peut-être d'un drap, et émettant un faible gémissement. Ce n'est pas toujours ainsi que les esprits nous apparaissent. Comme vous le verrez, les esprits sont rarement aussi fantomatiques. Assez souvent, en fait, les esprits ont l'air parfaitement solides et réels, et vous pouvez ne pas réaliser que vous avez été visité par l'un d'entre eux avant qu'il ne fasse quelque chose d'extraordinaire, comme traverser un mur ou apparaître et disparaître brusquement, « comme par enchantement » pourriez-vous dire, bien qu'en réalité l'esprit se contente d'entrer et sortir continuellement de la vibration du monde matériel.

Pourquoi les esprits retournent-ils dans le monde matériel ?

Si les motivations de certains esprits ne nous sont jamais dévoilées, des gens assez chanceux pour avoir été visités par l'un d'entre eux apprennent quelquefois les raisons de son retour. Certains esprits espèrent communiquer avec un être cher ou avec une personne à qui ils n'ont pas eu l'occasion de dire au revoir avant de quitter ce monde. D'autres viennent pour prévenir d'un danger ou pour donner une information qui, autrement, resterait ignorée. Rares sont les esprits qui cherchent à se venger, mais ils existent. Le plus souvent un esprit vient pour constater que justice est faite, que le coupable a été trouvé ou que les innocents sont protégés.

Pourquoi les esprits traversent-ils les murs ?
C'est une question intéressante, car vous vous rendrez compte que certains esprits ont un pouvoir sur les objets solides tels que les murs et les portes et peuvent passer à travers aisément. S'il vous arrive de voir un esprit traverser un mur épais, par exemple, faites bien attention à ses autres mouvements et manies, vous pourriez être surpris de ce que vous découvrirez. Il est probable que l'esprit passe à travers le mur non parce qu'il a un pouvoir sur la matérialité de ce dernier, mais parce qu'il est très éloigné de la réalité dont le mur fait partie. Peut-être que l'esprit vivait sur terre sous une forme humaine à une époque où le mur n'était pas encore construit, ou peut-être que l'esprit a un tel besoin d'aller d'un endroit à un autre qu'il ne laissera pas les obstacles du monde matériel lui barrer le chemin.

Nous pouvons comparer ce phénomène avec ce qui se passe quand nous sommes « perdus dans nos pensées ». Ne vous est-il jamais arrivé, trop absorbé dans vos réflexions, chez vous ou dans la rue, de foncer dans un obstacle quelconque, un mur ou un poteau ? Certains disent que nous heurtons ces obstacles parce que nous ne sommes pas attentifs. En vérité, nous sommes attentifs, non au monde matériel qui nous entoure, mais à un monde intérieur de notre propre construction.

La différence entre l'esprit qui passe à travers le mur et nous qui nous y cognons tient au degré d'immersion du premier dans le monde intérieur du plan æthérique. Quand les humains sont perdus dans leurs propres pensées, ils font toujours partie du monde physique. Les esprits n'ont pas une connexion aussi forte à la vie sur terre et sont donc moins affectés par elle.

Pourquoi, lorsque les esprits sont présents, les voit-on quelquefois et d'autres fois non ?
Si seulement les esprits agissaient de manière plus cohérente, nous pourrions en savoir tellement plus sur leur vraie nature ! Hélas, ce n'est pas le cas. Les esprits peuvent apparaître sous une forme solide ou vaporeuse, et dans certains cas ils ne sont pas visibles du tout. Ce phénomène s'explique en partie par le va-et-vient de l'esprit entre les vibrations astrales et matérielles mentionné plus haut.

Rappelez-vous également que, dans l'æther, notre perception de la réalité est continuellement influencée par les désirs et les besoins des êtres æthériques alentour. Quand notre image mentale de la vie est plus faible que celle d'un autre être æthérique, notre réalité et notre perception peuvent être annulées pour satisfaire les leurs. Quand les esprits se font connaître de nous, c'est souvent parce que leur présence dans l'æther est si dense que leur forme traverse les frontières ordinaires de la perception.

L'ÆTHER ET L'AU-DELÀ

Quand nous parlons des esprits, nous les considérons généralement comme des êtres différents de nous, mais en vérité, comme vous l'apprendrez bientôt, il en va autrement. Vos études æthériques vous ont jusqu'ici enseigné les bases de l'æther et du plan æthérique, ainsi que certains exercices fondamentaux grâce auxquels vous pouvez renforcer votre contrôle sur cette substance universelle. Plus récemment, vous avez appris la projection astrale, la pratique consistant à éloigner la conscience (aussi appelée æther personnel) du corps physique et à voyager libéré des entraves du monde matériel. Plusieurs termes désignent le véhicule qui vous a servi au voyage : le corps astral, l'esprit, le soi, entre autres. Nous allons maintenant faire deux ajouts très importants à cette liste, car votre æther interne est aussi appelé esprit et âme.

En vérité, vous-même êtes un esprit, absolument semblable aux fantômes du royaume des morts excepté le fait que vous habitez une forme charnelle dans le monde matériel, dont vous vous déferez à votre mort physique quand vous rejoindrez vos camarades dans l'æther éternel. L'expérience que nous appelons vie physique est juste une transition entre un avant et un après dans l'existence éternelle de notre âme, un interlude sur terre.

Les esprits ont toujours rendu la plupart des gens perplexes et les ont effrayés, et ils continueront sans doute toujours à le faire. En tant que représentants du monde des morts, les esprits nous semblent certainement étranges et peuvent faire peur. Mais de quoi devons-nous avoir peur en réalité ? Si effectivement les esprits des morts ne sont que les doubles désincarnés de ceux qui ont vécu, alors ces esprits n'ont probablement pas un tempérament très éloigné de celui qu'ils avaient avant, et rencontrer l'un d'eux n'est pas forcément plus dangereux que de faire n'importe quelle autre nouvelle rencontre.

Vos rencontres dans l'æther compteront peut-être un esprit toujours attaché à certains souvenirs de sa vie sur terre (un être appelé revenant), ou vous pourrez rencontrer une âme en repos éternel à qui il vous sera possible de demander des informations sur d'autres temps ou d'autres lieux. Les rencontres avec ces esprits semblent moins étrangères et bizarres une fois que vous avez réalisé combien vous êtes vous-même proche d'eux (particulièrement quand vous voyagez sous votre forme æthérique, défaite de votre corps physique), même si dire qu'elles sont plus « humaines » n'a pas vraiment de sens.

Tout cela est très simple mais peut être difficile à croire. Je ne vous demande pas de me croire sur parole. Menez plutôt votre propre enquête en vous servant des techniques æthériques que vous connaissez déjà. Avec du temps et de l'entraînement vous en viendrez sans doute à concevoir vous-même l'existence d'une vie éternelle avant et après la vie sur terre, ne serait-ce que parce que cette théorie a plus de sens que celle affirmant que la vie commence et finit avec la naissance et la mort de nos corps matériels, étant donné ce que nous savons du pouvoir de la conscience humaine et de son potentiel pour les exploits que la logique ordinaire ne peut expliquer.

Votre découverte peut vous mettre du baume au cœur quand vous penserez aux êtres chers qui ont quitté cette vie. Ils ne sont pas si loin que vous l'imaginez, et votre étude du mentalisme et de l'æther vous rapproche d'eux tous les jours.

Où allons-nous quand nous mourons ?

Si vous avez été élevé dans une religion ou une autre, vous passez sans doute beaucoup de temps à penser à l'esprit ou l'âme, une entité qui survit à la mort. La croyance en une vie après la mort est presque universelle parmi les fidèles des principales religions du monde, mais rien ne peut être plus divers que les théories décrivant ce qui arrive à cette âme après la mort. Voici un aperçu des croyances des quatre principales religions relatives à l'âme et à la vie après la mort.

Hindouisme : Les croyances hindoues prônent l'existence d'une âme individuelle appelée Âtman, ou soi profond. L'Âtman est vraiment immortel en ce qu'il est une émanation de la divinité supérieure du Brahman, l'âme universelle à l'origine de toute vie. À travers une succession d'incarnations matérielles, l'Âtman s'évertue à réintégrer le Brahman dans l'au-delà en faisant le bien durant sa vie sur terre.

En servant de fiche de score cosmique, la loi naturelle du karma garde trace des actions des individus, récompensant les bons comportements et punissant les actes malveillants. L'âme doit être réincarnée sur terre pour « récolter le karma » sur le chemin d'une éventuelle édification ou d'une réintégration avec la divinité.

Les premiers hindous croyaient que pour les esprits individuels cette réintégration devait faire l'effet d'une goutte d'eau tombant dans la mer, la personnalité des individus s'effaçant en se mêlant avec l'âme divine et s'abandonnant à un état de béatitude éternel. Cette croyance est mise en doute par les partisans du dévotionalisme, qui affirment que dans l'au-delà, l'âme garde son individualité et bénéficie d'une existence éternellement heureuse en rendant un culte à la divinité.

Les hindous croient en plusieurs lieux de châtiment spirituel où les âmes des gens malfaisants sont torturées en fonction de leurs forfaits. À la fin, cependant, même ces âmes sont réincarnées pour vivre une autre vie sur terre.

Judaïsme : L'au-delà préoccupe moins les adeptes du judaïsme que la vie sur terre, mais l'histoire de cette foi révèle une variété intéressante de croyances sur le sort de l'âme humaine. La croyance des premiers juifs dans l'au-delà reflète celle des Mésopotamiens et des Grecs, évoquant une existence obscure dans un monde parallèle ennuyeux appelé Sheol. Ils s'évertuaient donc à rester le plus longtemps possible sur terre. Ils croyaient que Dieu avait conclu une alliance avec l'homme, le récompensant et le punissant pendant sa vie, et non pas après la mort.

Les siècles passant, il devint clair que la justice divine épargnait beaucoup de monde dans la vie, et parmi les mystiques une théorie de la réincarnation est apparue, accordant une seconde chance sur terre aux individus qui avaient commis les plus affreux péchés.

Alors que certains juifs croient en un paradis ou un enfer similaire à ceux des chrétiens, un certain nombre d'opinions circulent parmi les juifs orthodoxes, séculaires ou réformés concernant la nature de l'âme et son sort après la mort du corps.

Christianisme : Le christianisme a développé un vif intérêt pour la vie après la mort dès sa création ou presque. La résurrection du Christ a inspiré aux chrétiens la croyance en la résurrection de masse de toute l'humanité le jour du Jugement dernier, les pieux allant au paradis et les pécheurs en enfer.

D'autres cultures ont eu une influence notable sur les croyances chrétiennes se rapportant à l'au-delà et à l'âme. Les premiers chrétiens ont emprunté leur croyance en un monde apocalyptique à leurs contemporains juifs. L'idée de l'immortalité de l'âme vient des croyances hellénistiques des Romains et des Grecs agnostiques. Après la mort, l'âme humaine se voit assigner un des trois endroits possibles : le paradis, l'enfer ou le purgatoire, un intermédiaire entre la joie et l'agonie extrêmes où l'âme peut être lavée avant de se voir accorder l'entrée au paradis. La secte protestante du XVIe siècle a rejeté la notion de purgatoire, affirmant que le salut et l'entrée au paradis sont accordés à la grâce de Dieu.

Islam : Dans le système musulman, ou islam, on croit aussi beaucoup en l'âme éternelle, et aux récompenses et châtiments dans l'au-delà. Après la mort du corps, l'âme (appelée naf) est séparée du corps physique et voyage vers Barzakh, un lieu où elle apprend sa vraie nature. L'âme reste dans ce lieu onirique jusqu'au jour du Jugement dernier, où on lui assignera l'enfer ou le paradis sur la base de ses actions durant sa vie sur terre.

Le paradis musulman promet toute sorte de plaisirs aux croyants. Ce paradis est disposé d'une manière sphérique, en plusieurs couches, entourant Dieu, et l'enfer islamique en borde la couche extérieure. L'affectation à l'enfer peut être temporaire, l'âme se voyant admettre au paradis après que ses péchés sur terre ont été brûlés.

Les opinions islamiques varient sur l'exacte relation entre l'âme et le corps matériel après la mort. Les musulmans sunnites croient que le corps physique et l'âme meurent tous deux au moment de la mort sur terre. Une seconde mort intervient après un procès supervisé par un juge divin et deux anges. Après cette seconde mort, l'âme est détruite jusqu'à sa réunion avec le corps physique au Jugement dernier. Les musulmans chiites croient que les récompenses et les châtiments commencent à la mort matérielle. L'âme rejoint le corps physique au Jugement dernier, et elle reste au paradis ou en enfer pour l'éternité.

Un mot pour les croyants

Beaucoup d'aspirants mentalistes croient en une religion ou une autre, et se demandent souvent si l'æther n'est pas contraire à leur foi. Certains demandent s'il est possible de croire en Dieu et en l'æther en même temps. Vous n'avez pas besoin de rejeter Dieu ou le mentalisme juste parce que votre religion n'enseigne rien sur l'æther. Pour beaucoup de gens Dieu est l'incarnation suprême de l'æther, et le créateur du plan æthérique. Ce n'est pas sacrilège de penser qu'il y a une structure et un système sous-tendant toute la création.

Un autre pour les non-croyants

Certaines personnes peuvent être troublées par l'abondance des théories sur l'au-delà et peuvent se demander laquelle d'entre elles reflète le véritable voyage de l'âme à la mort du corps. La vérité est encore plus étrange que n'importe laquelle des théories évoquées plus haut : elles sont toutes vraies.

Tout comme une foi individuelle et une forte conviction peuvent modifier l'æther dans le monde matériel, les croyances séculaires de millions de fidèles ont entretenu les différents paradis, enfers et systèmes de résurrection. Il est donc important de tenir compte des croyances religieuses des autres, et il est également important de savoir ce en quoi vous-même croyez.

LA NATURE DES ESPRITS

Parce que l'æther compose toute chose, le plan æthérique contient un équivalent de chaque homme, femme, enfant, animal, plante et objet qui existe. Il est important de connaître ces doubles, parce que, en progressant dans vos études, vous les rencontrerez tous.

Les doubles des êtres vivants résident dans l'æther à la fois pendant leur vie et après la mort ou la destruction de leur forme physique. Durant la vie, ils existent dans un lieu æthérique comparable au lieu qu'ils occupent dans le monde matériel. Après la mort, les doubles sont appelés esprits, et ne sont plus dans l'obligation de rester près de leur ancien corps terrestre. Les doubles des objets inanimés reflètent l'état de leurs équivalents matériels et reposent dans un coin de l'æther correspondant au matériau et à la masse de leur forme terrestre. Les mentalistes n'ont jamais été capables de désigner les emplacements de royaumes tels que l'enfer ou le paradis chrétiens dans l'æther, et certains croient que ces endroits ne sont pas vraiment des lieux, mais plutôt un état d'esprit incompréhensible pour les vivants.

Les esprits restant dans la vibration astrale après la mort sont les plus accessibles aux mentalistes. Leurs raisons pour s'attarder dans le monde astral sont variées, comme il sera expliqué dans la suite de la section. À quelques exceptions près, sympathiser avec ces êtres æthériques n'est pas plus difficile que de converser avec les nouvelles personnes que vous pouvez rencontrer dans le monde matériel.

Les esprits humains

Les esprits humains que vous pouvez vous attendre à rencontrer dans le monde astral sont de quatre ordres ; trois d'entre eux sont les esprits des morts et le dernier, l'âme perdue, l'esprit désincarné d'une personne encore en vie.

Les esprits défunts : comme vous l'avez appris précédemment, les âmes humaines subissent diverses expériences après la mort. Certaines sont immédiatement transportées dans des lieux de torture ou de récompenses éternelles, d'autres sont placées dans des sortes d'antichambres cosmiques où elles restent jusqu'au jour apocalyptique du Jugement dernier. D'autres encore sont en apparence détruites, réduites à une existence non sensible pendant qu'elles aussi attendent d'être jugées. Enfin, certaines âmes sont dans un cycle de réincarnation, demeurant dans l'au-delà quelque temps entre leurs tours sur terre.

Cela peut vous surprendre de savoir que certaines de ces âmes cherchent à communiquer avec celles qui vivent toujours sur terre. Qu'ils se manifestent à nous dans le monde matériel ou pendant que nous projetons notre conscience dans l'æther, les esprits défunts ont souvent un message qu'ils veulent nous faire entendre. Parfois les esprits apparaissent au moment de leur mort terrestre, mais à des kilomètres de leur corps physique. Ce type d'esprit est appelé une apparition de crise, et il se montre à ceux qu'il aime en essayant de faire ses adieux au monde matériel.

À d'autres moments les esprits des défunts reviennent pour délivrer un message d'amour ou de réconfort aux amis et à la famille accablée par leur mort. Ces visites sont habituellement des événements uniques et solitaires, mais il arrive qu'ils se reproduisent encore et encore.

Les esprits sont parfois recherchés par les membres de la famille encore en vie ou par ceux qui désirent parler avec les défunts. C'est l'objet de la séance de spiritisme.

D'autres esprits défunts n'ont aucun lien avec les vivants qui les voient. Si la visite a pour seul but de délivrer une information utile à ceux qui sont encore sur terre, le fantôme peut être classé comme un esprit défunt. Si, toutefois, l'esprit réclame quelque chose de nous en contrepartie de son apparition, il se peut que cet esprit soit un revenant.

Les revenants : Ce sont les corps æthériques de gens qui, même morts, ont encore quelque chose à régler dans le monde des vivants. Ils restent près de l'endroit qu'ils occupaient durant leur vie, flottant entre les fréquences vibratoires astrales basses et les fréquences matérielles æthériques. On les voit souvent accomplir des tâches qui témoignent de leur vie sur terre. Les revenants sont appréciés en littérature, et si on doit en croire les contes populaires de nombreuses cultures, ces esprits ont besoin de l'intervention d'un être vivant pour régler leur compte cosmique sur terre.

Les revenants ne sont pas toujours animés par le regret ou les souvenirs de la vie matérielle. D'autres forces peuvent les retenir sur terre. Certaines personnes meurent et ne peuvent pas vraiment entrer dans l'au-delà parce qu'elles refusent de croire en son existence ou qu'elles pensent qu'il est incroyablement différent de ce qu'elles ont expérimenté dans l'æther. D'autres passent leur temps comme revenants parce qu'elles n'ont pas réalisé qu'elles étaient mortes ; elles continuent leur train-train quotidien comme si rien n'avait changé à part le désintérêt flagrant que leur manifestent leurs collègues. Ceux qui ont admis leur disparition veulent en comprendre la raison et pensent devoir en apprendre plus sur ses causes ou mettre en garde ceux qui vivent encore sur ce qui les a conduits à leur perte. Enfin, certains esprits sont retenus sur terre par les proches du défunt qui pensent à lui de manière incessante, empêchant le corps æthérique de s'éloigner d'eux, un peu à la façon dont les formes-pensées élémentaires sont créées et entretenues.

Pour qu'un revenant soit libéré de ce qui l'enchaîne au monde matériel, ses questionnements ou conflits regardant la vie et la mort doivent être démêlés par quelqu'un de toujours vivant. Parce que les mentalistes sont particulièrement experts dans la communication avec les esprits, cette tâche leur est souvent confiée.

Les spectres : Quand une âme a quelque chose à régler sur terre et a besoin d'une intervention humaine pour reposer en paix, c'est un revenant. Quand une âme rejette cette intervention par des actes destructeurs, c'est un spectre.

Les spectres sont peut-être les êtres æthériques les plus dangereux et les plus traîtres que vous rencontrerez dans vos voyages au plan astral. Ils sont en général invisibles, même quand ils vibrent à la même fréquence que les êtres æthériques alentour, mais peuvent être détectés grâce à l'air compact et suffocant qui les enveloppe. Certaines théories veulent que ce phénomène soit une extension naturelle de la forme æthérique du spectre, d'autres affirment que cette densité est le résultat d'un sentiment de répulsion que l'æther alentour éprouve envers cet être, une sorte de forme-pensée élémentaire de l'effroi collectif formée par l'æther lui-même.

Quel que soit le cas, les spectres ont un incroyable pouvoir sur l'æther. La haine et la jalousie bouillant en leur forme les dotent d'une grande maîtrise en télékinésie, télépathie et clairvoyance, mais relativement peu de contrôle sur la puissance.

Les spectres sont très éparpillés æthériquement parlant, leurs pensées et personnalité sont aussi aléatoires dans la vie que, dans la mort, leur corps æthérique est fin, distendu et amorphe, exerçant une faible influence sur une large zone autour de l'endroit où repose leur corps, quelquefois via les vapeurs (voir le bestiaire æthérique pour une description des vapeurs). Cet æther épars est en partie responsable du frisson qui peut vous saisir lorsque vous visitez un cimetière ou vous rendez sur les lieux d'une mort violente.

Les spectres renforcent leurs formes légères en aspirant l'æther interne de tous les infortunés humains qu'ils rencontrent au plan astral. Les spectres vont chercher à contrôler un ou plusieurs des liens æthériques du corps projeté, habituellement le lien de la poitrine ou du front, afin de paralyser l'être. Une fois cela fait, le spectre commence à siphonner l'æther du corps, l'ajoutant au sien et donnant plus de matérialité à sa forme. L'æther disponible dans un corps projeté n'est en général pas suffisant pour achever cette transformation ; le spectre envoie donc très vite des tentacules mentaux le long de la piste de résidus psychiques menant au corps matériel. Une fois que ces tentacules ont trouvé le chemin du corps physique, ils ouvrent un conduit par lequel ce qui reste de l'æther interne de la victime peut jaillir. Une personne attaquée de cette façon par un spectre court un grave danger et entrera certainement dans un coma ou mourra si aucune mesure n'est prise.

Pour se protéger contre ce genre d'agression, on conseille aux mentalistes de voyager à deux quand ils visitent des zones dangereuses du plan astral. En effet, la concentration que le spectre doit fournir pour saisir le lien æthérique est telle que la proximité d'un partenaire peut sauver la vie, car il peut brusquement revenir à une vibration matérielle et réveiller le corps physique de la victime avant la fin de l'attaque.

On se remet relativement rapidement d'une attaque d'un spectre. L'æther personnel perdu pendant l'agression est remplacé par l'æther provenant de la nourriture, de l'eau, des conversations ou activités stimulantes, ou simplement par le repos et la méditation dans le monde matériel. Il est normal d'avoir peur de la projection astrale après avoir vécu une telle expérience, mais vous devez vous rappeler que par le simple fait d'avoir survécu à une telle attaque vous finirez par retrouver tout ce qui a été perdu.

Les âmes perdues : Occasionnellement le corps æthérique d'une personne se sépare de son équivalent matériel d'une manière involontaire, laissant la personne invalide. Le corps æthérique fugitif est appelé âme perdue.

Une séparation de ce genre peut survenir dans plusieurs circonstances. La plupart sont en rapport avec ce qu'on appelle l'expérience de mort imminente. Les gens qui subissent un choc physique brutal rapportent quelquefois avoir expérimenté une séparation de leur conscience ou de leur moi (ce que vous et moi appelons le corps æthérique) d'avec leur forme matérielle brute. Le corps æthérique s'élève en flottant et de là-haut observe son équivalent matériel. Il est rare que ces dires témoignent d'une quelconque anxiété ou émotion négative de la part de la victime, si paniquante qu'une telle situation doive sembler. Presque à chaque fois, l'esprit désincarné ressent une paix intense et regarde les gens en dessous d'un air interrogateur, se demandant pourquoi ils sont si pressés d'écourter la sérénité qu'il trouve dans l'æther.

À partir de là, soit l'expérience s'arrête brusquement avec le réveil du corps charnel infirme, soit continue avec un bref voyage astral de l'âme perdue. L'esprit voyage dans l'æther vers un portail entre ce monde et l'au-delà, et il doit faire un choix.

Comme on peut le deviner, la plupart des témoignages que nous avons de ce voyage nous sont délivrés par ceux qui ont choisi de revenir dans ce monde en dépit de la paix qu'ils ont trouvée dans l'æther. Mais que deviennent ceux qui tombent dans de longues périodes d'inconscience, ceux qui restent vivants mais passent leurs jours dans le coma ou dans un autre état végétatif ? Leur personnalité les a quittés et pourtant ils sont en vie. Que deviennent leurs corps æthériques ?

Bien qu'il y ait des exceptions, d'après nos enquêtes nous pouvons supposer que leur moi sublime voyage dans le monde astral en tant qu'âmes perdues. Ils ont choisi la sérénité de l'æther, et, bien qu'ils ne soient pas morts physiquement, leurs corps terrestres sont inertes et inutiles.

Certaines âmes errent sans but dans l'æther, apparaissant comme de fantomatiques apparitions lumineuses à ceux qui les rencontrent dans le monde astral. Elles sont perdues dans leurs propres pensées, vaguement perplexes mais assez tranquilles dans leurs errances pour que sans l'intervention d'un autre être (tel un mentaliste se projetant dans l'æther) rien ne vienne les alarmer ou leur suggérer de retourner à leur corps et leur vie matérielle.

Arrêtons-nous ici un moment pour traiter d'un point important soulevé par plusieurs aspirants médiums à propos des différences entre les diverses catégories d'esprits humains. Les étudiants m'ont posé des questions telles que : « Comment puis-je reconnaître un revenant d'un spectre ? » Et : « À quoi ressemblent les âmes perdues ? » Voici ce que je leur ai répondu :

Ce sont de bonnes questions auxquelles il n'est pas facile de répondre. Savoir faire la distinction entre un revenant et un spectre est extrêmement important, car le prix de l'erreur peut être terrible. La plupart des spectres émettent à travers l'æther une force glaciale qui devrait alerter de leur présence le voyageur astral le plus désinvolte. S'il est vu, un spectre apparaîtra d'ordinaire moins substantiel que les autres esprits, souvent au point de prendre une consistance vaporeuse.

Soyez conscient, cependant, que les spectres ne sont pas les seuls membres du monde des esprits à vous vouloir du mal. Il est normal que les revenants se montrent indifférents après de longues périodes de solitude, et bien qu'ils n'aient pas de mauvaises intentions, certaines de leurs actions et de leurs relations avec les vivants peuvent paraître extrêmement égoïstes. Prenez-y garde et évitez que les esprits ne prennent l'avantage sur vous, quelle que soit la situation dans laquelle vous les trouvez.

Les âmes perdues sont en vérité assez faciles à repérer. Errant sans savoir du tout ni où ils sont ni ce qu'ils font, ces esprits trébuchent à travers l'æther comme des hommes auxquels on aurait bandé les yeux sur un trottoir très fréquenté. Parce qu'ils sont liés à un corps vivant dans le monde matériel, ces corps astraux brillent un peu plus fort que l'æther alentour. Bien que quelques êtres æthériques peu scrupuleux aient pris l'habitude d'imiter les âmes perdues dans le but de tromper les mentalistes enclins à les aider, cette sorte de perfidie est rare.

Esprits animaux

Les esprits des animaux sont de bien étranges choses. Ils conservent les traits de caractère de leurs équivalents matériels auxquels s'ajoutent quelques mystérieuses qualités. La majorité des esprits animaux que vous rencontrerez ne seront pas très différents des animaux de compagnie qui vous sont familiers. Ce ne sont, cependant, pas les seuls esprits animaux à errer dans l'æther.

Les esprits des animaux défunts : Les doubles æthériques des animaux continuent à vivre après la mort du corps, de la même manière que ceux des humains. En place de paradis, d'enfer ou de réincarnation, les âmes des animaux se voient assigner un lieu dans l'æther de l'un des autres mondes, qu'il soit élémentaire, astral ou élyséen. Là, les animaux passent l'éternité à assister les autres êtres æthériques ou simplement à rôder et se tapir dans les profondeurs de l'espace æthérique. Les esprits animaux du monde élémentaire endossent les qualités d'êtres inférieurs tels que les salamandres, sylphes, ondines ou gnomes, selon leur affectation (voir le bestiaire æthérique pour plus d'informations sur chacun de ces élémentaux). L'Élysée fournit un abri sûr pour les esprits des animaux, et ils peuvent se retrouver le compagnon d'une des créatures natives du lieu.

Les esprits animaux gardent dans le monde astral la plupart des fonctions et des traits de caractère qui étaient les leurs dans le monde matériel, et on peut les appeler à l'aide ou leur demander conseil au besoin. Le plus souvent, cependant, les esprits des animaux viendront à un moment aussi inattendu qu'inespéré pour intervenir dans une situation dangereuse ou pour empêcher qu'un malheur n'arrive à des êtres encore vivants.

Quelquefois, un esprit animal apparaîtra pour avertir d'une mort dans la famille. À l'occasion, l'esprit d'un chien ou d'un chat adoptera une famille pour des générations, se faisant voir un jour environ avant la perte d'un membre de la famille.

Archétypes : Les esprits animaux supérieurs sont appelés archétypes. Ces êtres sont des esprits composites constitués des âmes de plusieurs animaux (et parfois d'humains) pour créer un être æthérique puissant. Les archétypes sont vénérés par les cultures aborigènes et animistes partout dans le monde. Des tribus entières vouent des cultes aux esprits des loups ou des ours, par exemple. Les archétypes faits de deux espèces d'animaux ou plus sont moins communs et sont plus rarement vénérés. Parmi ces monstruosités on trouve le griffon et la chimère.

Les animaux éternels : Bien que similaires aux archétypes, les animaux éternels sont encore plus rares que leurs cousins composites. Le phoenix et le dragon viennent à l'esprit, ainsi que toutes les autres créatures mythiques ayant des caractéristiques fort distinctes de celles des animaux vivants. Ces êtres ne hantent habituellement pas la vibration astrale, ils ont préféré élire domicile dans les hauteurs du monde élyséen.

Les fantômes de plantes et d'objets

Deux autres types de fantômes existent dans l'æther, les doubles d'objets privés de sensations et les doubles de plantes.

Les doubles d'objets privés de sensations : Les objets quotidiens ont leurs propres doubles sur le plan æthérique. Dans la plupart des cas, il serait exagéré d'appeler ces entités esprits. Quoi qu'il en soit, certains objets sont entourés d'assez de signification et d'importance pour que leur double développe une personnalité propre. Pensez aux joujoux favoris de votre enfance ou aux objets de famille qui se transmettent de génération en génération. En fait, ces objets ne sont que de simples jouets ou bibelots, mais des années et des années d'attentions les rendent plus importants à vos yeux. Cela se voit surtout quand vous regardez les doubles æthériques de ces objets pendant vos méditations. Les anciennes cultures croient que l'utilité de l'objet matériel traverse les frontières entre ce monde et l'autre, et enterrent des outils utiles avec leurs morts. Alors que cette pratique a disparu, ces fantômes servent toujours nos études æthériques.

Au plan æthérique, les objets matériels peuvent aussi être dotés des qualités des substances qui les composent, tels le bois ou le pétrole. Tous les objets manufacturés sont faits de quelque chose qui, à un moment donné, a été vivant, même si cela remonte à plusieurs générations. Par conséquent les esprits des arbres peuvent être trouvés dans les maisons en bois, et les bijoux peuvent garder une trace des forces élémentaires de la mine dont provient leur métal.

Les doubles des plantes : La science a récemment montré que les plantes ont une certaine forme d'intelligence qui leur est propre. « Rudimentaire » est le terme consacré pour décrire la nature de l'intelligence de la plante, mais il serait plus juste de dire que les plantes ont un processus mental extrêmement lent (selon les standards humains). Le plus incroyable est que ce processus de réflexion est partagé par toutes les plantes. Les plantes « parlent » entre elles par le biais de différents échanges æthériques et chimiques. Un séquoia peut apporter sa sagesse séculaire à de jeunes arbres d'autres espèces croissant à un autre endroit de la forêt, par exemple.

Les plantes ont une signature unique dans le monde astral. L'espace autour de la base d'un arbre luira d'une énergie verte en contraste avec la teinte bleue habituelle du monde astral. Tout comme dans le monde matériel, chaque partie de la plante a une fonction spécifique dans l'æther. Les racines pompent l'énergie élémentaire du sol et de l'eau, les troncs agissent comme des balises et des antennes de communication au sein de l'intelligence végétale, les branches et les feuilles s'étendent pour entrer en interaction avec le reste de l'æther et transmettent également des messages psychiques qui peuvent être compris par les autres plantes et, dans certains cas, par des animaux et des humains minutieusement accordés.

Le fruit est un outil puissant parmi les plantes et, comme pour le reste, ses fonctions æthériques sont étroitement liées au rôle qu'il jouait sur terre. Grâce aux fruits (ou aux spores, quand il s'agit de champignons), les plantes sont quasi immortelles. Chaque fruit renferme une masse concentrée d'æther qui contient toute l'histoire de la plante et le savoir collectif des ancêtres de cette dernière. Quand le fruit tombe à terre, il fait une des trois choses suivantes : ses graines germent pour donner une autre plante de la même espèce ; il est mangé par un humain ou par un animal, qui laisse alors tomber les graines du fruit ailleurs ; il est absorbé par le sol alentour. La même chose se passe dans l'æther. Pensez au fruit comme à une lettre, à un message ou à une autobiographie de la plante de laquelle il est tombé. Dans l'æther, les fruits tombés peuvent être utilisés de cette manière et être lus comme des livres par ceux qui sont accordés à la fréquence æthérique relativement basse environnant la frontière entre le monde matériel et le monde élémentaire.

Le conte biblique d'Adam, d'Ève et de l'Arbre du bien et du mal fournit un merveilleux exemple de la façon dont les fruits peuvent être utilisés non seulement pour leurs propriétés nutritives mais aussi pour le développement mental. Mangez des fruits.

DES MÉDIUMS PARMI NOUS

Jusqu'ici, vos lectures vous en ont beaucoup appris sur les esprits, mais l'écriture est une chose et vos études doivent aller au-delà de ça, dans le monde des esprits lui-même, où il y a plus à apprendre.

Les mentalistes qui centrent leurs études æthériques sur le monde des esprits sont appelés spirites, ou plus communément médiums. Le médium est une sorte de voyageur astral singulièrement bien accordé, qui prête une attention particulière aux relations entre les êtres æthériques, notamment les esprits des morts, même si le médium interroge régulièrement les fantômes de plantes et d'objets et les doubles æthériques des vivants. Les prêtres et les conseillers spirituels des populations dites primitives sont de bons exemples de médiums qui traitent avec toute sorte d'esprits.

Qu'est-ce que les médiums ont de particulier ? Un certain nombre de choses distinguent les médiums des autres mentalistes. Les médiums croient dur comme fer en l'immortalité du corps æthérique, et que cet aspect des choses vivantes survit à la mort du corps physique, soit en continuant à vivre sur le plan æthérique à une vibration ou une autre, soit en revenant sur terre pour se réincarner en une nouvelle forme. Certains spirites sont persuadés que nos âmes reviennent pour habiter exclusivement les corps humains, d'autres croient que le double æthérique d'un humain peut revenir en celui d'un animal ou d'une plante. Des théories aussi diverses que le sont les religions qui naissent inévitablement autour de ces croyances.

Le médium fait des tentatives régulières pour contacter et communiquer avec les esprits des morts. Les raisons de ces entretiens sont variées : la majorité des mentalistes partagent une même curiosité pour l'inconnu, mais il existe d'autres raisons. Certains souhaitent communiquer avec les récents défunts, peut-être pour mettre leurs proches encore vivants en contact avec ces âmes. Certains médiums se portent volontaires auprès d'organismes chargés de faire respecter la loi pour aider dans les affaires d'homicides ou proposer leurs services à ceux qui n'ont pas accès à l'æther. Ils enquêtent quelquefois sur des lieux hantés par des fantômes, ce qui n'est pas banal mais qui est très peu relayé par la presse. D'autres médiums agissent comme une sorte de bons samaritains pour des âmes en peine, aidant les revenants à régler leur dette karmique et guidant les âmes perdues vers leur corps matériel.

Les gens qui ont vu des esprits sans aucune préparation ou formation sont les plus aptes à réussir en tant que médiums. Ils vibrent très certainement déjà un peu haut dans le monde matériel æthérique et peuvent avoir plus de facilité avec toutes les pratiques du mentalisme que leurs collègues plus « lestés ».

Un médium est constamment conscient de la double nature des choses. Pour lui, sur terre rien ne peut être pris pour argent comptant, et tout a un équivalent æthérique qui doit être considéré.

Le tout nouveau monde

Parce qu'il intègre les fantômes de plantes et d'objets inanimés parmi la population déjà en expansion des esprits des morts (humains et animaux) et des doubles des vivants, vous trouverez ce royaume incroyablement riche à explorer. Le parallèle le plus proche que l'on pourrait tracer avec les explorations du monde matériel serait les voyages de James Cook, de Christophe Colomb et de Ferdinand Magellan, ou pour prendre un exemple contemporain, les fouilles des océans entreprises en ce moment. Les découvertes des premiers explorateurs ont modifié la vision que leurs contemporains avaient du monde, tout comme le feront nos trouvailles dans la profondeur des océans. Mais ces incursions dans l'inconnu ne peuvent qu'être qualifiées d'incomplètes, de naïves même, en comparaison des explorations que vous pouvez maintenant entreprendre dans l'æther, un lieu où il est possible de communiquer avec un nombre inimaginable de choses : les esprits des morts, des plantes et des animaux, voire l'air et l'océan lui-même.

En effet, la première question à laquelle se trouvent confrontés la plupart des nouveaux voyageurs n'est pas « Où vais-je aller ? » mais « Par où commencer ? ». Il peut y avoir une telle concentration d'activité dans une petite région de l'æther qu'il serait mal avisé de s'y rendre sans y être préparé. Les exercices qui renforcent l'attention vous aident à vous préparer aux interactions avec le monde des esprits.

Exercice 24 : Renforcez votre attention

La prochaine fois que vous vous trouverez dans un lieu bondé ou au milieu d'une cacophonie dans le monde matériel, prenez le temps de vous concentrer sur les images et sons individuels autour de vous. Vous pensez peut-être que cela viendra facilement, en particulier l'idée d'exercer votre œil à telle chose en particulier plutôt qu'à telle autre. Essayez, et vous trouverez peut-être cela plus difficile que vous ne vous y attendiez.

Concentrez votre regard sur quelque chose de simple, une plante en pot dans un centre commercial, par exemple. Des gens pleins d'allure peuvent passer devant ; des sons assourdissants ou des odeurs puissantes peuvent se disputer votre attention. Vous ne devez pas les laisser faire. Pouvez-vous fixer la plante pendant dix minutes sans relâcher votre regard, si ce n'est pour battre des paupières ?

Écouter une conversation dans le tapage puis reporter son attention sur une conversation moins audible à un autre endroit peut se révéler beaucoup plus difficile mais c'est un exercice intéressant et assez gratifiant pour mériter beaucoup de pratique. Peut-être pouvez-vous essayer cela dans le lieu animé où vous venez de regarder la plante. L'exercice peut se pratiquer dans tous les endroits animés de nombreuses conversations.

Une voix se distinguera probablement parmi les autres. Accrochez-vous mentalement à cette voix et écoutez attentivement. Fermez les yeux si cela vous aide.

Votre concentration sur le sujet lui-même est plus importante que l'acte physique de regarder ou d'écouter. Fixer une plante pendant dix minutes et garder trace de deux voix conversant est une chose. Mais pendant combien de temps pouvez-vous regarder la plante et penser « plante » en chassant toute autre pensée de votre esprit ou vous mettre à sa place ? Pendant combien de temps pouvez-vous suivre la conversation d'étrangers en y pensant activement, tirant des conclusions sur les gens qui parlent ou sur le sujet qu'ils abordent ?

Développer ce genre d'attention vous rapprochera des esprits ou des doubles que vous observerez bientôt dans l'æther. Une forte attention nous est tout aussi utile dans le monde matériel que dans l'æther. Des pouvoirs de concentration accrus aident à la lecture, la méditation, la conversation, l'étude, et à beaucoup d'autres tâches que vous faites souvent.

Le pouvoir des fantômes de plantes et d'objets

Les doubles æthériques d'objets inanimés sont les moins bien compris des habitants du monde des esprits. La plupart du temps, ces fantômes servent aux médiums et aux voyageurs astraux de source d'énergie et de réserves d'æther d'une qualité en corrélation avec l'objet matériel. Les effets personnels sont souvent les plus puissants transmetteurs de ce type d'énergie, et il est facile d'expliquer les totems, fétiches et charmes en utilisant ce modèle de pensée æthérique. Les objets de l'enfance que nous conservons dans nos vies adultes revêtent une telle signification à nos yeux que cela se traduit naturellement par une forte connexion matérielle et æthérique entre l'objet et son propriétaire.

Ainsi, un ours en peluche nous réconforte et nous procure un sentiment de sécurité sur terre, mais dans l'æther il peut être bien plus puissant. Au moyen de l'énergie protectrice, qu'il a emmagasinée depuis des décennies peut-être, vous pourriez, en utilisant vos techniques de visualisation, vous construire un bouclier æthérique, un cocon, ou même un vaisseau pour vous transporter en sécurité d'un lieu à l'autre. Comme d'habitude, vos seules limites sont celles de votre propre imagination.

Exercice 25 : Un compagnon fantôme

Choisissez un objet que vous possédez depuis l'enfance et focalisez votre attention dessus au cours de votre prochaine session de méditation. Concentrez-vous sur les associations qu'il fait naître dans votre esprit, les émotions qu'il vous fait éprouver. Essayez de vous souvenir d'événements spécifiques de votre vie s'étant déroulés en la présence de l'objet et réfléchissez à la manière dont lesdites associations sont formées de ces expériences. Passez au moins une demi-heure à y penser en restant dans une méditation matérielle (non astrale) et prenez en note vos impressions. Listez les émotions que vous avez éprouvées pendant votre méditation et couchez sur papier quelques-unes des expériences que vous avez eues avec l'objet durant votre vie.

Recommencez un ou deux jours plus tard, avec un autre objet de votre enfance, consignant vos impressions ensuite. Si le premier objet était associé chez vous à des sentiments plaisants ou heureux, essayez la méditation avec un objet avec lequel vous partagez une histoire plus difficile. De nouveau, faites suivre la méditation de l'exercice écrit.

Prenez un des objets sur lequel vous vous êtes concentré (de préférence associé à de bonnes choses) avec vous dans votre prochain voyage astral. Tenez l'objet près de votre lien poitrinaire pendant que vous émettez l'æther interne nécessaire à la création de votre corps astral projeté et formez un équivalent astral comparable de l'æther de l'objet que vous avez sélectionné. Emmenez ce fantôme avec vous pendant votre voyage et soyez attentif à tout changement qui pourrait l'affecter quand vous vous déplacez dans l'æther. Est-ce que ses propriétés émotionnelles lui confèrent de nouveaux attributs : une apparence ou une texture différentes ? A-t-il l'air plus grand que d'habitude ? Est-ce que cette différence de taille est due à la grande importance que vous avez placée en l'objet ? L'objet a-t-il développé une personnalité propre ? Considérez tout cela avec ouverture d'esprit.

Essayez ce genre d'expérience avec d'autres objets et voyez ce que vous découvrez. À mesure que vous acquerrez de l'expérience avec les fantômes d'objets, vous en apprendrez plus sur les doubles æthériques en général. Cette connaissance vous servira dans l'æther, où nous sommes entourés de tout autant d'objets que sur terre.

TENDEZ-LEUR LA MAIN

Vous avez peut-être jusqu'ici effectué toutes vos méditations en intérieur. Si tel est le cas, cet exercice constituera un changement bienvenu. Si vous avez déjà pratiqué la méditation en extérieur, j'espère que vous apprécierez les subtiles différences entre cet exercice et vos sessions régulières.

Vos voyages dans l'æther vous ont sans doute amené à rencontrer un ou plusieurs êtres qui ont élu domicile dans le monde astral. Dans cet exercice, vous apprendrez des techniques spécifiques pour trouver ces habitants spirituels.

Comme nous l'avons mentionné précédemment, ce que nous savons des lieux familiers du monde matériel colore notre perception de ces lieux quand nous les visitons dans l'æther. Alors que des mentalistes plus expérimentés peuvent compenser ce phénomène et même en tirer avantage, les étudiants novices feraient mieux de rester à l'écart de ces sites trop familiers de crainte que leurs souvenirs interfèrent avec leur perception de l'æther sur place. L'exercice qui suit vous fera découvrir un nouveau lieu et vous permettra d'y réaliser quelques observations préliminaires sans en être aussi imprégné que nous le sommes des endroits que nous visitons tous les jours, tels que nos maisons ou nos lieux de travail.

Exercice 26 : Sentir la présence les esprits

Consacrez un après-midi et une soirée à la première partie de cet exercice et essayez de sortir de la ville si vous le pouvez. Emportez un peu de nourriture et un bloc-notes ou un magnétophone, ainsi qu'une lampe torche. Allez dans un endroit que vous ne connaissez pas, quelque part avec plein d'espaces verts existant de longue date. Les parcs nationaux et régionaux se révèlent en général de bons choix pour le type de méditation que vous allez tenter. Si vous n'habitez pas près de tels parcs, choisissez un champ ou un coin de nature où vous ne risquez pas d'être dérangé. Arrivez quelques heures avant la tombée de la nuit.

Une fois que vous aurez trouvé un endroit propice, éloignez-vous de la voiture et de toute personne qui pourrait se trouver là. Il ne faut pas que votre attention soit détournée par la frénésie du monde matériel, de ses habitants et agissements, alors cherchez un joli coin tranquille.

Passez-y le reste de la journée. Mangez, faites un petit tour, regardez autour de vous, écoutez les sons naturels de l'endroit. Que remarquez-vous ? Quelles sont les odeurs véhiculées par l'air ? En quoi cet endroit est-il unique ? Comment vous sentez-vous ? Plus énergique ? Moins inhibé ? Inquiet ? Inscrivez toutes ces choses sur votre bloc-notes ou enregistrez-les en parlant doucement dans votre magnétophone. En quoi le coucher du soleil affecte-t-il l'environnement ? Quels sons accompagnent la tombée du jour ? De nouveaux animaux émergent-ils ? Continuez à observer et à consigner les choses que vous découvrez.

Gardez vos sens en alerte tandis que le soleil descend et que les premières étoiles commencent à poindre. Prêtez attention aux changements de l'environnement mais soyez aussi conscient de la façon dont votre humeur se modifie à l'approche de la nuit. Les lieux n'ont en général pas les mêmes effets sur notre psychisme la nuit que le jour. Enregistrez minutieusement autant de détails que vous pouvez sur ce que vous ressentez et toutes les conclusions que vous pouvez tirer de ce que vous voyez, entendez et sentez. Rappelez-vous que ce n'est pas un exercice psychique. Aujourd'hui, utilisez vos sens du monde matériel, vous aurez le temps d'explorer l'æther plus tard.

Après avoir consigné tout ce que vous avez remarqué à propos de l'endroit, retournez à la voiture et rentrez chez vous. Pensez à l'endroit que vous venez de visiter. Laissez sa présence s'abîmer dans vos pensées.

Afin d'obtenir un bon échantillon de la réalité quotidienne de l'endroit que vous avez choisi, vous aurez besoin d'y retourner à quelques reprises pour compléter vos observations. Retournez-y à la même heure aussi vite que vous le pouvez, pas plus d'une semaine plus tard, et faites d'autres observations. Relevez tous les changements que vous remarquez en vous-même ou dans l'environnement. Si c'est l'automne, vous pouvez être témoin d'une transformation des feuilles ou de nouvelles habitudes parmi les animaux du lieu. Vous pouvez même essayer de croquer certains des détails que vous voyez.

Une fois que vous aurez visité votre nouvel endroit trois ou quatre fois, vous aurez une bonne idée de ce à quoi vous attendre quand vous reviendrez. Révisez vos notes et essayez de faire toutes les extrapolations que vous pouvez sur ce que vous pouvez vous attendre à trouver la prochaine fois. Quand vous aurez fini, passez le reste de la journée à d'autres activités, pour ancrer vos pensées dans la vie quotidienne.

Le jour suivant, à l'heure habituelle, prenez vos notes et retournez à votre lieu une nouvelle fois. En vous éloignant du véhicule, pensez à ceci : des milliards de personnes ont vécu et sont mortes sur cette planète, et vous êtes simplement un membre de ses générations les plus récentes. Qu'est-il advenu des premiers habitants ? Eh bien, tout d'abord, presque tous sont morts, passés de ce monde à une autre vie, une vie différente, dans l'æther. Peut-être certains ont-ils été réincarnés pour vivre dans une nouvelle forme, mais qu'en est-il de ceux qui restent dans le monde des esprits ? Ce sont ces esprits que vous essaierez de contacter aujourd'hui.

Quand vous ne pourrez plus entendre le bruit de la circulation, les brouhahas des voix ou d'autres signes de civilisation, arrêtez-vous et restez immobile. Même si vous êtes seul, vous n'êtes vraisemblablement pas la première personne à être venue ici. Des centaines de personnes se sont tenues là avant vous. Maintenant c'est votre tour, mais contrairement à elles, vous ne serez pas entravé par le temps ou la perception habituelle. Vous ne resterez pas seul longtemps. Vous tendrez la main et rencontrerez ces voyageurs qui vous ont précédé.

Asseyez-vous par terre ou dans n'importe quel autre coin où vous vous sentez bien et commencez la méditation de la vibration astrale qui débute toutes vos sessions æthériques formelles. Gardez les yeux ouverts si vous le pouvez et soyez bien attentif au cadre qui vous entoure en franchissant le seuil entre le monde matériel et le monde astral. Comme vous le savez, la vibration astrale basse est la demeure des revenants et autres êtres æthériques qui entretiennent une affinité particulière avec le monde matériel. Marquez un arrêt dans votre méditation une fois que vous serez entré dans le bas-astral, car c'est là que vous avez la plus grande chance de trouver les esprits que vous êtes venu visiter.

Regardez autour de vous. Que voyez-vous ? Est-ce que tous les arbres et les éléments naturels alentour semblent être à la même place et dans les mêmes formes et dispositions ? Prenez mentalement en note tout ce qui semble différent ou inattendu sachant tout ce que vous connaissez déjà de cet endroit.

Ne soyez pas alarmé de découvrir des esprits dès votre arrivée dans le bas-astral, mais ne soyez pas non plus surpris s'ils mettent du temps à se montrer. Vous êtes un nouveau venu par ici, et selon le degré de curiosité ou la timidité des esprits locaux, ils se feront connaître de vous rapidement ou petit à petit. Soyez patient si nécessaire. Il n'y a pas urgence. Il n'y a jamais urgence en ce qui concerne les morts, les habitants du royaume éternel.

Bien que cela puisse prendre un peu de temps avant que le premier esprit ne se manifeste, et bien qu'il n'y ait aucune garantie qu'il se montre hospitalier envers vous, n'oubliez jamais de vous tenir de votre mieux et de traiter les esprits avec autant de courtoisie que vous le feriez d'une nouvelle connaissance dans le monde matériel. Il est bon de rappeler que l'hostilité est une chose particulièrement dangereuse dans l'æther, car elle peut être retournée contre celui qui l'éprouve de manière très efficace par des êtres æthériques plus puissants. Dans le cadre de cet exercice, il est moins important de ce faire un nouvel ami que de déterminer quels types d'esprits vous rencontrez dans ce nouvel endroit.

Vous devriez être capable de classer l'esprit assez facilement après vous être posé certaines questions à son sujet. L'esprit paraît-il embrouillé ou au moins étourdi ? Si tel est le cas, c'est qu'il fait partie des âmes perdues. L'esprit est-il préoccupé, fait-il quelque chose qui paraît incongru avec la vie dans l'au-delà ? Si oui, vous êtes probablement en compagnie d'un revenant. L'esprit a-t-il l'air à l'aise, extatique ou, au contraire, à l'agonie ? Peut-être que vous êtes en train de voir un esprit défunt traverser les expériences extrêmes du paradis ou de l'enfer. Est-ce que l'esprit est vaporeux et un peu sinistre ? Au cas où vous seriez tombé sur un spectre, nous vous conseillons de mettre un terme à votre session de méditation sur-le-champ.

En ce qui concerne les interactions avec les autres esprits, le choix d'interférer avec leur existence æthérique dépend entièrement de vous. Certains esprits aiment la compagnie, d'autres peuvent très bien désirer être laissés tranquilles. En ce qui concerne les caractères, les esprits sont bien plus proches de nous autres humains que nous le pensons. Tout comme les vivants, certains aiment la compagnie, alors que d'autres préfèrent la solitude. Les âmes perdues et les revenants ont besoin de l'intervention d'un mentaliste tel que vous s'ils veulent sortir de leur état d'enfermement. Soyez prudent, mais approchez aussi ces pauvres âmes à cœur ouvert et sans préjugés, comme vous aimeriez que quelqu'un fasse avec vous dans une telle situation.

Passez autant de temps que vous le voulez avec les esprits de cet endroit. Soyez attentifs à tous les esprits d'animaux, ainsi qu'à tout fantôme de plante ou d'objet inanimé intéressant. Si aucun esprit ne se fait connaître lors de votre première visite, ne vous découragez pas. Une autre session sera peut-être nécessaire pour qu'ils viennent à vous. Et comme toujours, si quoi que ce soit d'extraordinaire arrive au cours de votre exploration du monde des esprits, prenez-en note et envoyez une copie à l'auteur de ce livre.

LE SPIRITISME DANS LA VIE QUOTIDIENNE

Vous avez à présent une bonne idée de la manière de trouver les esprits dans vos voyages dans le monde astral. Les techniques que vous avez essayées peuvent marcher n'importe où, en vérité, mais pour votre premier essai il était bon de sortir de l'effervescence de la vie de tous les jours. Essayez de nouveau dans des lieux plus familiers comme les parcs et les quartiers commerçants de votre ville ou même dans votre quartier. Rappelez-vous simplement que si vous préférez ne pas connaître les âmes qui habitent toujours votre maison ou celles du voisinage, vous êtes libre de ne pas explorer ces endroits.

Les esprits nous entourent

Tout comme vos premiers pas dans le monde astral ont changé vos vues sur tant de choses que vous preniez pour argent comptant dans votre vie, votre connaissance nouvelle du monde des esprits devrait vous donner une nouvelle perspective de la réalité. Nous sommes entourés non seulement par les gens et les animaux de la vie quotidienne, mais aussi par tellement d'autres choses. Plus que jamais, le monde est plein à craquer d'objets manufacturés d'origines innombrables.

Prenez un peu de temps pour considérer les objets qui vous entourent dans la vie quotidienne. D'où viennent-ils ? Quel est le lignage de leur matériau ? Par quels moyens sont-ils transformés de leurs composants d'origine à la forme qu'ils détiennent à présent, en votre possession ?

De la même façon, quel genre de rapports entretenez-vous avec le monde naturel, les plantes et les objets qui vivent dans votre quartier ? Il est bon d'apprendre à mieux les connaître, sur le plan spirituel, car tout comme l'air et l'eau nous font vivre eux et nous, une substance encore plus fine nous relie les uns aux autres.

Souvenez-vous également que vous pouvez améliorer votre compréhension du monde des esprits à travers une interaction plus consciente avec les gens qui vous entourent. À présent vous réalisez qu'une personne n'a pas besoin de mourir pour que vous puissiez faire connaissance avec son esprit. Chérissez vos amis ici-bas. Apprenez d'eux et laissez vos expériences dans le monde matériel et le monde æthérique s'enrichir l'une l'autre de façon que votre développement mental et spirituel soit constant.

Même vous

Benjamin Franklin a dit : « En ce monde rien n'est certain, à part la mort et les impôts. » Alors que l'auteur n'est pas qualifié pour conseiller ses lecteurs sur le dernier point, j'espère que cette leçon vous a fourni assez d'éléments pour stimuler votre réflexion sur votre propre mortalité. Nous vivons tous, il est donc également certain qu'un jour nous allons tous mourir. Un jour, vous aussi deviendrez un membre à part entière du monde des esprits.

Gardez cela en tête pendant que vous explorez cet endroit fascinant et faites connaissance avec les esprits qui vivent là. Pensez à vos voyages comme à un avant-goût de la vie dans l'au-delà et considérez-vous comme un invité chanceux de ce royaume mystérieux et puissant.

MENS AGITAT MOLEM

SIXIÈME LEÇON
INFLUENCE MENTALE

Visualiser l'invisible — Une description complète
La forme des pensées — Émotions illustrées
La nature des formes-pensées élémentaires
Clairvoyance et nuances æthériques — Une exploration clairvoyante
Influence et émotion télékinétiques — Bols d'émotion
Autres expériences télékinétiques
Les nuages-pensées de la télépathie — Conversation télépathique
Le message non exprimé — L'éthique du mentalisme

« Si les portes de la perception étaient nettoyées, chaque chose apparaîtrait à l'homme telle qu'elle est, infinie. »
WILLIAM BLAKE, *Le Mariage du ciel et de l'enfer*

Au fil de votre étude de l'æther et du mentalisme, vous avez lu et relu que tout ce qui existe dans le monde qui vous entoure, les gens, les paysages ou les objets quotidiens, se retrouve aussi sur le plan æthérique. Là-bas sont les pensées, les émotions et d'autres choses abstraites comme le temps et l'impact culturel des actions et des objets. Ces choses, intangibles même dans le monde matériel, sont facilement observées et manipulées par un mentaliste expérimenté. Quand vous êtes dans l'æther, les pensées sont aussi visibles qu'un nez au milieu de la figure, les émotions peuvent être perçues comme de la pluie ou du vent (ou même de la grêle), et vous pouvez partager votre conscience sensorielle et votre perspicacité mentale avec les autres, même ceux qui sont morts depuis longtemps ou qui ne sont pas encore nés.

Dans cette leçon, vous en apprendrez plus sur les trois prouesses psychiques de base du mentalisme, aussi appelées psychismes. Ces psychismes sont la clairvoyance (la perception extrasensorielle de traits æthériques et matériels), la télékinésie (la manipulation de matière physique et æthérique en utilisant le pouvoir de l'esprit) et la télépathie (la faculté d'intercepter et d'envoyer des pensées). La clé de ces trois exploits tient en une perception aiguë des subtilités de votre æther personnel et de l'æther qui vous environne. Par le biais d'exercices simples, vous verrez aussi que bien que ces facultés mentales puissent paraître fantaisistes, elles sont toutes contenues dans les objets, les sentiments et les pensées avec lesquels nous interagissons tous les jours.

VISUALISER L'INVISIBLE

Il est assez simple de comprendre que votre corps physique, avec ses bras, ses jambes, son torse et sa tête, existe pareillement sur le plan æthérique. Il est également facile d'admettre que l'endroit où vous lisez ce livre, que ce soit à l'intérieur ou dehors, est reflété dans l'æther. S'il y a une table physique ici, une table æthérique existe aussi là-bas. Les arbres et les rochers que vous voyez peut-être d'où vous êtes se trouvent à l'avenant dans l'æther.

Mais votre corps n'est pas constitué que de parties statiques, il y a aussi des processus. Le sang coule dans vos veines. Vos nerfs relaient des messages d'un endroit de vous-même à un autre. Les cellules individuelles qui composent vos organes naissent, vivent et meurent. Le bois de la table vieillit, comme les pages de ce livre, devenant imperceptiblement plus fragiles à mesure que le temps passe. Les arbres traversent les saisons et poussent, et les pierres s'usent lentement sous l'effet du temps et des intempéries. Tout cela se passe simultanément au plan æthérique, et vous le comprenez sans doute sans avoir à forcer votre imagination.

Certaines choses et processus peuvent directement s'observer au plan matériel. Mais si la vie n'était faite que de ce qui est observable, que le monde semblerait étrange ! Nous serions témoins d'actions, sans considérer ce qui les a motivées et les conséquences qui peuvent en découler. Dans un tel endroit il n'y aurait pas de sentiment amoureux, par exemple, ni aucun sentiment d'appartenance à une famille ou à une communauté. Même une sensation aussi rudimentaire que la faim n'existerait pas. Nous verrions une table, mais le mot table, une pensée toute simple, ne nous viendrait pas à l'esprit. En fait, il n'y aurait pas d'esprit à proprement parler ! Le monde semblerait être un simulacre, un lieu d'ombre sans vie. Nous ne pourrions pas dire de ce monde qu'il est réel. Comment alors nous convaincrions-nous que nos observations des choses et des processus matériels nous montrent tout ce qu'il y a à voir dans l'æther ?

Exercice 27 : Un parfait tableau

Vous pouvez vous familiariser avec tout ce qui passe inaperçu dans la vie quotidienne. Retirez-vous dans une petite pièce meublée ; un bureau ou une chambre de la maison convient bien pour cet exercice ou peut-être la pièce où vous avez l'habitude de pratiquer la douzaine æthérique. Fermez toutes les portes ou les stores des fenêtres qui sinon vous laisseraient voir une autre partie du monde. Allez vous placer au milieu de la pièce et tournez lentement sur vous-même, en enregistrant tout ce que vous pouvez y voir. Essayez de créer un inventaire mental sommaire : sol, murs, plafond, bureau, étagères, porte, fenêtre, livres, tasse (contenant peut-être du café), stylos, papier, et ainsi de suite. Certains des objets peuvent être pris dans le processus d'électrification : des ventilateurs qui tournent, des lampes qui émettent de la lumière. Ajoutez ce processus, électrification, à votre inventaire. Ajoutez aussi le vent, la lumière, les changements de température et les sons produits par les machines électriques.

Voyez comme cette tâche devient vite intimidante. La tête nous tourne quand nous nous mettons à penser à toutes les choses et processus qui se trouvent dans une petite pièce meublée, et cela sans même tenir compte de l'unique personne présente. Le sang coule et les actions synaptiques doivent être ajoutées à l'inventaire, c'est certain, tout comme le fait de penser, et au-delà de ça, le fait de penser au fait de penser !

Comme vous pouvez le voir, ce genre d'observation vous en révèle beaucoup plus que ce qui est perceptible dans la vie de tous les jours. Avec de l'entraînement, votre vision æthérique des choses vous permettra d'accomplir de merveilleuses prouesses de mentalisme.

LA FORME DES PENSÉES

Dans l'æther, les pensées et les émotions émergent de nos corps æthériques et se déplacent dans l'espace collectif environnant, où elles peuvent être vues, entendues et même touchées et mises en relation comme si elles vivaient les choses indépendamment de leur créateur.

Êtes-vous abonné à un journal ? Les pages les plus divertissantes sont celles consacrées aux comic strips dans les journaux du dimanche. Saviez-vous que vous pouvez entrapercevoir l'æther à chaque fois que vous lisez ces bandes dessinées ?

Bien que les comics soient plus sobres aujourd'hui qu'ils ne l'étaient auparavant, vous pouvez encore trouver des exemples de ce que le dessinateur Mort Walker appelait *symbolia* : les cercles, lignes et autres formes graphiques dessinés près des personnages pour indiquer la vitesse, la frustration, la surprise et d'autres états.

Walker codifie ces symboles et crée un jargon encore utilisé dans le monde de la bande dessinée. Si vous voyez un nuage de poussière derrière un personnage qui court, c'est un *briffit.* Quelqu'un qui travaille dur ou sous état de stress peut être dessiné avec des *plewds*, des gouttes de sueurs jaillissant autour de sa tête. Des *emanata* sont expédiées de manière similaire de la tête des personnages surpris, et les *squeans* semblent s'élever et éclater au-dessus de ceux qui sont saouls.

Les designers utilisent les mêmes tactiques dans leur travail, lorsqu'ils essayent de traduire une émotion ou un état d'esprit particulier. Les formes pyramidales dégagent une sensation de force à la manière des monuments de l'Égypte des pharaons. Les formes rondes nous calment, nous rappellent les nuages, peut-être, ou les bras réconfortants d'un parent.

Bien sûr, ces formes simples sont, comme toutes les illustrations, des simplifications grossières de ce qu'elles essaient de représenter. Quoi qu'il en soit, elles vous fournissent un point de départ pour un examen plus approfondi de la manière dont les idées et les sentiments, invisibles par nature, peuvent être vus.

Exercice 28 : Émotions illustrées

Chaque jour pendant une semaine munissez-vous d'un petit carnet non ligné et d'un stylo et essayez cette expérience.

À chaque fois que vous expérimenterez une émotion ou un état d'esprit particulier, que ce soit de l'impatience, de la curiosité, de la fatigue, ou quoi que ce soit d'autre, sortez votre carnet et faites quelques griffonnages abstraits qui vous semblent traduire votre humeur. Ajoutez une légende à l'émotion que vous venez d'illustrer, ainsi que toute note pertinente pour pouvoir vous y référer plus tard. Vous vous rendrez peut-être compte que certaines expériences font naître des sensations multiples. Par exemple, vous cogner l'orteil contre un meuble induira plusieurs sentiments, dont la surprise, la douleur et la frustration.

Si vous conservez minutieusement une trace de chaque expérience, vous percevrez mieux la manière dont vous avez tendance à visualiser les pensées et les émotions. Cela vous servira dans vos visites au plan æthérique, un lieu où tout peut être vu.

La nature des formes-pensées élémentaires

Quand les mentalistes se concentrent pendant un long moment sur un sujet quel qu'il soit, ils courent le risque que leur pensée æthérique acquière des sens et une volonté propres. Une pensée renégate est un être æthérique appelé forme-pensée élémentaire.

Les formes-pensées élémentaires sont l'incarnation de nos idées et idéaux. Elles entraînent nos émotions et nos intentions au-delà des limites de l'individu et font des changements dans l'æther qui peuvent affecter la vie sur terre. On ne prête qu'aux riches, et plus une émotion ou un état d'esprit prévaut dans votre vie (amour, cupidité, jalousie), plus vous aurez de chances de vous trouver de nouveau dans cet état d'esprit.

Des incarnations inférieures des formes-pensées élémentaires sont en vérité assez communes dans nos vies. À chaque fois que nous nous laissons emporter par nos émotions, ou à chaque fois que nous sommes perdus dans nos pensées, nous sommes en réalité aux mains d'une masse concentrée d'æther qui, bien qu'elle soit moins puissante qu'une forme-pensée élémentaire, l'est encore assez pour prendre le dessus sur nos propres sens (ou au moins sur notre bon sens).

Un mentaliste exerçant son œil æthérique ne percevra pas forcément les pensées de la même manière qu'un collègue à ses côtés. À un mentaliste, une pensée peut apparaître comme un nuage de fumée sortant de la bouche du penseur ou de son front. Pour un autre, cette même pensée peut avoir l'air d'un motif géométrique entourant son créateur. En période de fort stress ou de forte concentration, pensées et penseurs peuvent être perçus comme une seule entité, un amalgame qui combine les traits humains du penseur et les aspects abstraits de la pensée. Certains pensent que les visions d'êtres surnaturels aussi variés que les incarnations déifiées et les loups-garous sont des exemples de combinaisons de ces pensées/penseurs.

Les caprices de la perception, qui sont dus à plusieurs choses dont l'expérience, la culture et les croyances religieuses, font qu'il est impossible de dresser des modèles concluants pour reconnaître telle ou telle pensée. Des branches entières de la psychologie et de l'art sont dédiées à l'étude des symboles et de leur signification. Ces explorations du symbolisme pratique sont également très répandues chez les alchimistes et les mystiques des religions du monde. Si vous étudiez déjà une telle tradition, cela influera sans aucun doute sur votre perception de l'æther. Dans le cas contraire, et si, dans l'æther, vous avez des difficultés à interpréter des perceptions abstraites, vous aurez peut-être avantage à explorer un ou plusieurs de ces systèmes.

CLAIRVOYANCE ET NUANCES ÆTHÉRIQUES

Jusqu'ici, dans vos études en mentalisme, vous avez appris la clairvoyance comme un moyen de transférer vos sens terrestres, la vue, l'ouïe, etc., au-delà des confins de votre corps physique. En soi, cela n'est pas très éloigné de la projection astrale. Dans cet essai, vous apprendrez une autre forme de clairvoyance, qui pourra vous donner un aperçu de la nature, de l'histoire et de l'impact des objets que nous voyons tous les jours.

Afin d'en comprendre le principe de fonctionnement, vous aurez besoin de mieux saisir la nature multi-facettes de l'æther. Il y a plusieurs aspects æthériques même pour les objets les plus simples ou les plus ordinaires. Si vous regardez un stylo, par exemple, vous pourrez voir qu'il est fait de substances matérielles comme le bois, le métal ou le plastique. Peut-être a-t-il un capuchon de la même substance. Le stylo contient aussi de l'encre. Il est assez simple de comprendre que tous ces matériaux sont reflétés dans l'æther. Sur le plan æthérique, un stylo en métal, par exemple, est fait d'une masse équivalente d'æther intangible. Il y a l'æther du corps du stylo, l'æther du capuchon, l'æther du tube contenant l'encre et l'æther de l'encre elle-même.

Mais ce stylo recèle plus de choses que l'æther de ses composants physiques. Le minerai a été extrait de la terre pour créer le métal dont le stylo est fait. L'encre aussi provient d'une source naturelle. Ces sources peuvent être découvertes grâce à la clairvoyance. Beaucoup de mains ont participé à la fabrication du stylo. À côté de ceux qui ont rassemblé les matériaux bruts, il y a au moins un fabriquant, une personne qui a assemblé les pièces. Chaque stylo contient un peu de l'æther personnel de tous les individus ayant participé à sa fabrication. Si vous en êtes le premier propriétaire, alors vous savez ce qui a été écrit avec. Peut-être pouvez-vous vous rappeler sans avoir recours à la méditation les listes de courses, les messages et les lettres que vous avez écrits en utilisant cet instrument. Si le stylo n'est pas tout neuf, cependant, vous pouvez utiliser la clairvoyance pour découvrir ce qui a été écrit avec ce stylo avant qu'il n'entre en votre possession.

Ce genre de prouesses est possible à cause de l'échelle de fréquences contenues dans l'æther. Dans les exercices précédents, vous avez été conduits à moduler la fréquence de votre æther personnel, la faisant passer de son état matériel normal à la fréquence du royaume astral et du royaume élémentaire. Il est possible d'atteindre la fréquence ultime, celle de l'Élysée. Chacun de ces degrés dans votre æther personnel change votre état d'esprit, votre manière de voir les choses.

Il se peut que vous soyez surpris que l'æther d'un banal objet comprenne ce même genre de variances. Voici une liste comparative des aspects de divers degrés d'æther, relatifs à un simple stylo en métal.

Æther matériel : La masse physique et la nature du stylo sont reflétées dans l'æther le plus aisément visible par les mentalistes quand ils accordent pour la première fois leur conscience au plan æthérique. Tout ce qui se rapporte à la taille, la forme, la couleur, le poids, ou autre dimension ou mesure est l'affaire du royaume de l'æther matériel.

Æther élémentaire : Quand nous réduisons la fréquence de notre attention en dessous des confins normaux de l'échelle de l'æther du monde matériel, nous accédons à la conscience du monde élémentaire. C'est le royaume du feu, de l'air, de l'eau et de la terre ou une combinaison de deux de ces éléments ou plus, comme la vapeur, le métal, le magma ou la poussière. Tout æther que nous observons ici reflète les origines terrestres de l'objet en face de nous, nous instruisant de la forme sous laquelle se trouvaient ses constituants avant sa fabrication. Dans le cas du stylo, cela implique le minerai dont le métal du stylo a été extrait, l'origine naturelle ou chimique des divers détails du stylo (un métal différent pour le clip du capuchon, peut-être, ou du plastique pour le tube intérieur, ou la peinture utilisée pour la griffe du fabriquant), et la provenance de l'encre du stylo.

Æther astral : Quand nous élevons notre conscience à des fréquences æthériques plus hautes que celles du royaume matériel, nous nous retrouvons dans le monde astral. C'est l'endroit où règnent les pensées et les émotions, où l'œil de notre esprit peut voir ces choses que nous pensons le plus souvent être intangibles. Si le stylo est considéré dans un état d'esprit astral, les conditions intellectuelles et émotionnelles de sa fabrication, ainsi que tout ce qui a été écrit avec, nous seront révélées. Le monde astral ne paraît pas avoir de limites, et il contient beaucoup de choses relatives aux objets familiers. En conséquence, il vous faudra peut-être plusieurs sessions æthériques pour découvrir tous les aspects astraux d'un stylo apparemment si simple.

Æther élyséen : La plus haute de toutes les fréquences æthériques est celle du monde élyséen, appelé aussi Élysée. C'est le royaume de la conscience partagée de la Terre et des planètes et, au-delà de celles-ci, des étoiles. C'est aussi le lieu le plus difficile à atteindre par la méditation. Là-bas, nous pouvons côtoyer les héros et les dieux de toutes les cultures, ainsi que les groupes d'âmes de toutes les civilisations actuelles et passées. Qu'est-ce que cela a à voir avec le banal stylo devant vous ? Rien, peut-être, mais cela dépend de l'importance culturelle et historique du stylo. Avec l'attention élyséenne, vous pouvez vous rendre compte de l'influence que ce stylo a sur le monde en général. Peut-être qu'il a été utilisé pour écrire un texte de loi important ou même une lettre d'amour entre deux personnes qui ont changé le cours de l'histoire, comme Napoléon et Joséphine.

Exercice 29 : Une exploration clairvoyante
Pratiquez ce genre d'observation clairvoyante d'un objet familier durant votre prochaine méditation. Asseyez-vous devant l'objet, de préférence posé sur une table et sur une autre surface, de façon que vous puissiez le voir sans avoir à le tenir. Concentrez-vous sur votre respiration et faites passer votre attention sur le plan æthérique. Vous y êtes, et l'objet est là avec vous. Si vous enregistrez votre session sur magnétophone ou au moyen de notes, peut-être même avec l'aide d'un assistant, décrivez l'objet que vous voyez tel qu'il est dans l'æther matériel. Quelles en sont les dimensions et caractéristiques clairement observables ?

Passez le temps nécessaire avec l'objet, en modulant votre attention æthérique parmi les différents royaumes. Enregistrez vos observations dans chacun de ces états. Avec de l'expérience, vos examens clairvoyants, même des objets les plus simples, vous réserveront sans doute bien des surprises !

INFLUENCE ET ÉMOTION TÉLÉKINÉTIQUES

Juste après avoir commencé à pratiquer la douzaine æthérique, vous avez utilisé votre nouveau savoir des liens æthériques, les points de connexion entre les personnes physiques et leurs corps sublimes, pour conduire une expérience de télékinésie très simple mais néanmoins incroyable. Si l'exercice a été concluant, vous avez réussi à faire bouger la pièce de quelques millimètres grâce au seul pouvoir de votre esprit.

Que cet exercice ait bien marché ou non pour vous, il a sans doute piqué votre curiosité pour la télékinésie. Nous allons à présent explorer d'autres mécanismes et applications de cette pratique mentale extraordinaire.

Quand nous évoquons la télékinésie, nous parlons des victoires de l'esprit sur la matière. Nous en gagnons de très ordinaires tous les jours. À chaque fois que nous nous promenons, répondons au téléphone, laçons nos chaussures ou effectuons n'importe quelle tâche apparemment ordinaire, nous employons notre force mentale pour mettre nos corps en mouvement et manipuler les objets autour de nous. Il y a des jours où cela nous est facile, et d'autres où les choses les plus simples deviennent des corvées.

C'est la même chose dans l'æther. Les raisons pour lesquelles la plupart des mentalistes échouent dans leurs tentatives télékinétiques sont assez semblables à celles qui les retiennent au lit le matin. Ils sont peut-être fatigués, ou bien ils s'ennuient. Ils ne voient pas de bonnes raisons pour se lever et commencer la journée. Il n'y a pas de gageure dans la vie qu'ils se sont construite. Pour être un jour efficaces en télékinésie, ces mêmes personnes devront d'abord découvrir leur raison d'être dans le monde matériel. Sans cela, qu'est-ce qu'ils pourraient bien venir faire dans l'æther ? Quiconque chercherait à étaler ses facultés télékinétiques en faisant léviter les gens ou en faisant voler les objets ménagers jusqu'à sa main manque certainement de volonté pour soulever ces choses physiquement. Comment, alors, espèrent-ils réussir en tant que mentaliste ? Cela laisse perplexe.

L'aspirant avisé réalise que de tels exploits sont moins souhaitables que les subtils effets que la télékinésie peut avoir sur notre vie intérieure, en particulier quant à nos émotions. La motivation nécessaire à quelque action que ce soit dans le monde matériel procède de nos désirs et de nos émotions, et c'est la même part de nous-même qui rend la télékinésie possible.

Les exercices qui suivent traitent de l'observation de vos émotions. Il vaut mieux pratiquer l'exercice quand vous êtes déjà en proie à ces émotions, et ne pas créer de fausses circonstances pour amener l'émotion au premier plan de votre conscience. Il est également important de se rappeler que les moments où vous ressentez les émotions les plus fortes coïncident souvent avec des moments de forte tension ou de danger physique. Votre sécurité est primordiale, alors s'il vous plaît, n'essayez pas l'exercice ou tout autre travail de mentaliste si vous êtes dans une situation où ce que vous ayez de mieux à faire est de vous mettre en lieu sûr. Cela étant posé, nous pouvons y aller.

Avez-vous déjà ressenti une émotion si forte qu'elle semble animée de vie ou au moins avoir pris une forme que vous pouvez sentir dans votre corps ? Sous le coup de la surprise ou face à un danger, nous sommes quelquefois paralysés, assommés par le tour que prennent les événements. Quand nous tombons amoureux, nous avons l'impression que notre cœur va exploser. Nous sommes pris d'un sentiment similaire en période de terrible chagrin.

Il est facile de rejeter ces sensations comme étant des réactions instinctives circonscrites à votre corps physique, mais la vérité est que lorsque vous éprouvez quelque chose comme cela, vous êtes inconsciemment en train de modeler votre æther personnel en des formes qui peuvent être manipulées mentalement par vous-même et par les autres.

Exercice 30 : Bols d'émotion

Si vous avez effectué l'exercice consistant à prendre des notes et croquis sur vos pensées de tous les jours et sur les émotions qui naissent soudain en vous, alors nous pouvons aisément étendre l'exercice à un exploit de télékinésie pratique. Revoyez le travail que vous avez fait sur vos expériences avec diverses émotions. Certaines associations entre l'émotion et le croquis que vous en avez fait sont-elles récurrentes ? Éprouvez-vous le même genre de sensation physique à chaque fois qu'une émotion apparaît ? Si c'est le cas, cette émotion est mûre pour une étude æthérique.

La prochaine fois que vous vous sentirez submergé par un sentiment particulier, essayez cet exercice. Levez-vous et tenez-vous droit, vos pieds à largeur d'épaules et les bras le long du corps, tout comme vous le faites au début de la douzaine æthérique. Amenez votre conscience au plan æthérique. Sentez la terre sous vos pieds et ancrez-vous à cet endroit, quel que soit votre état de confusion.

Maintenant ouvrez les yeux (si vous voulez, vous pouvez juste ouvrir vos yeux æthériques, en gardant vos yeux physiques fermés) et regardez la scène devant et autour de vous. Que voyez-vous ? La couleur et la forme de l'émotion qui se manifeste devraient vous être familières, étant donné votre travail préliminaire avec les croquis. Peut-être que vos sentiments s'expriment dans un méli-mélo de formes et de couleurs essaimant autour de votre tête, entourant peut-être votre corps tout entier. Ou il se peut que votre émotion vous rende aveugle à tout, hormis à une couleur, le rouge ou le noir par exemple. Y a-t-il des sons associés à cet état, des bruits que vous savez ne pas venir d'ailleurs ? Est-ce que ces sons créent leurs propres formes dans l'æther ? Marquez une pause le temps que vous soyez capable d'observer l'émotion avec calme et précision.

En gardant vos coudes là où ils sont, levez les avant-bras paumes en avant. C'est un geste de reddition, mais vous serez surpris de voir à quoi cette forme particulière de capitulation vous aidera. Visualisez les liens æthériques de votre front et de vos mains, les liens le plus souvent utilisés dans les travaux de télékinésie.

Pour exécuter cet exercice, vous devez rassembler devant vous tout cet æther émotionnel turbulent, de façon à le voir. Tendez les bras, paumes toujours en avant. Maintenant faites pivoter votre taille vers la gauche et allongez encore un peu les bras dans cette direction. Ramassez l'æther derrière vous et sur les côtés par ce mouvement et, en revenant à votre position originale, ramenez-le devant vous. Répétez ce mouvement vers la droite. Rappelez-vous de faire des mouvements amples et lents. Un peu comme si vous ramassiez des feuilles mortes, une activité pour laquelle les petits gestes secs ne paient pas.

Cela peut prendre un moment de ramener tout l'æther devant vous et de le conserver là, et l'acte même de travailler avec l'æther de cette manière peut entraîner une réponse émotionnelle propre. Continuez l'exercice du mieux que vous le pouvez jusqu'à ce que vous ayez tout ramassé.

Une fois terminé, ramenez vos bras le long de votre corps et tournez vos paumes vers le haut comme tout à l'heure. Maintenant, du lien æthérique de votre main droite, lancez vers votre droite une corde de flamme bleue décrivant un arc de cercle. Cette corde devra aller assez loin pour encercler la masse totale d'æther avant de rejoindre le lien æthérique de votre main gauche. L'æther devrait maintenant être capturé dans l'arc de cercle que vous avez créé.

Lancez une corde semblable du lien de votre front vers le haut de la masse d'æther. Quand elle aura atteint le sommet, faites-la passer sous la masse et revenir vers votre front. Une fois cela fait, vous verrez que vous avez formé deux bandes perpendiculaires autour de l'æther. L'émotion qui vous contrôlait a maintenant capitulé et vous pouvez la modeler, plutôt qu'elle ne vous modèle.

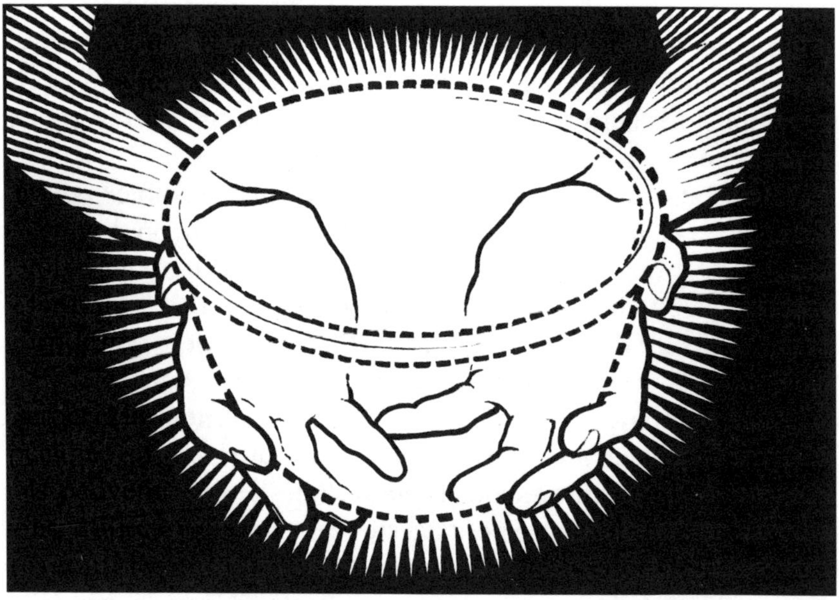

En utilisant vos techniques de visualisation, construisez un treillis entre les bandes, de façon à construire une cage autour de l'æther. Une fois terminé, commencez lentement à rétrécir la cage et l'æther emprisonné à l'intérieur. Vous concentrez l'æther. Si vous continuez ainsi vous finirez par obtenir une sphère d'æther à peu près de la taille d'une balle flottant devant vous. Approchez-la de vous et, quand elle sera à quelques centimètres de votre poitrine, tendez les mains, saisissez la sphère et dissolvez la cage. L'æther renégat est maintenant sous contrôle et ne vous fera pas souffrir.

Comme tout æther, cette sphère est malléable à la manière de l'argile. En utilisant vos mains æthériques, sculptez la sphère en un petit bol. Travaillez la forme jusqu'à ce qu'elle soit bien ferme sous vos doigts, jusqu'à ce que vous sachiez que l'æther n'est plus de la haine ou de la jalousie ou quelque émotion que ce soit, mais un outil à votre disposition. Qui se ressemble s'assemble dans l'æther, et vous pouvez sortir ce bol pour collecter l'æther de même nature la prochaine fois qu'un sentiment négatif de cette sorte naîtra chez vous. Vous pouvez facilement dissiper l'æther collecté par ce moyen, de façon qu'il ne vous embête plus. Il peut aussi être transformé, via la visualisation, en une émotion plus bénéfique. Si un aspirant collecte l'æther à partir d'une certaine émotion, l'amour étant l'exemple le plus communément cité, cette émotion se manifestera plus souvent à lui.

Quand vous en aurez fini avec le bol, relâchez votre prise et écartez légèrement vos mains. Maintenant, versez lentement l'æther du bol dans vos liens de la main, le réincorporant à votre æther personnel.

Il serait judicieux de créer plusieurs bols æthériques pour attraper les diverses émotions que vous expérimentez. Pour faire une comparaison assez ordinaire, ces bols peuvent être utilisés æthériquement à la manière dont sont utilisés les récipients pour ranger les restes des repas. Après tout, les bonnes sensations sont tout aussi susceptibles de nous faire du mal qu'une nourriture riche ingurgitée en trop grosses quantités. Gare à l'indigestion ! Et qui plus est, vous ne savez jamais quand vous aurez besoin de sortir un de ces bols et vous servir une part d'un reste d'amour, de joie ou de satisfaction.

Exercice 31 : Autres expériences en télékinésie
En progressant dans votre connaissance de l'æther, retournez à votre première expérience de télékinésie, celle ou vous devez bouger la pièce, même légèrement. Recommencez-la jusqu'à ce que faire bouger la pièce demande de moins en moins d'effort. Si vous voulez, vous pouvez essayer de soulever la pièce ou de la lever à l'horizontal mais ce n'est franchement pas nécessaire, ces choses se font très bien à la main. Mais que pouvez-vous faire d'autre avec un petit objet comme la pièce ? En vous reposant sur vos connaissances des degrés de l'æther expliqués au début de cette leçon sur la clairvoyance, vous savez que ce simple morceau de métal contient plus que ce qui en est vu. Toute chose sur le plan æthérique comprend divers aspects (forme, histoire, signification, etc.) à l'intérieur de ses multiples couches d'æther. Vous accorder avec l'æther physique d'un objet vous permet de modifier par télékinésie ses aspects physiques tels que son emplacement, sa couleur, sa densité et l'assemblage de ses composants. Quelles possibilités recèle la manipulation mentale de l'æther élémentaire ou astral ou même élyséen du même objet ? Faites-en vous-même l'expérience et voyez ce qui se passe.

LES NUAGES-PENSÉES DE LA TÉLÉPATHIE

Jusqu'ici dans votre étude du mentalisme nous n'avons fait que mentionner la télépathie, la méthode de communication æthérique. Ici nous verrons la manière dont les pensées d'une personne apparaissent dans l'æther et comment elles peuvent être aisément envoyées et reçues.

Quand nous parlons avec quelqu'un face à face dans la vie quotidienne, nous utilisons le médium de la parole. Dans ce genre de conversation, les idées sont véhiculées par les mots exprimés par une personne et entendus par une autre. En plus, plusieurs messages non exprimés sont transmis entre personnes par le langage du corps, le contexte et le ton de la voix. Sur le plan æthérique, nous n'avons pas besoin des conventions du monde matériel telles que la parole et le geste, mais il y a d'autres moyens pour converser. Là, une pensée émane non pas de façon audible de nos bouches mais de façon visible de notre æther personnel, l'æther qui nous constitue. Habituellement cette émanation provient de la part d'æther personnel correspondant à notre tête, mais on peut aussi voir venir les pensées d'autres zones comme les mains, l'estomac, les organes sexuels, selon la nature de la pensée. Quand vous serez capable de voir les pensées de cette façon, vous serez impressionné par la manière dont les conversations deviennent claires !

Nos pensées dérivent, comme des nuages, s'éloignant de nous pour se perdre dans l'espace environnant. Les pensées faibles ou frivoles, tels que les commentaires intérieurs sur les choses ou les gens croisés dans la rue, s'évaporent presque immédiatement, se dissipant comme la buée. C'est à peine si nous nous rappelons les avoir jamais eues. N'oubliez pas, cependant, que rien ne disparaît jamais complètement au plan æthérique. Tout comme la quantité de matière dans le monde physique reste toujours la même, dans ce lieu parallèle il y a toujours autant d'æther, et quand une partie de cette substance change de couleur, de taille, et même de fonctions, des traces de sa précédente incarnation demeurent. Les pensées puissantes, telles que les ruminations sur les faits significatifs de vos vies, stagnent autour de nos corps comme des nuages, quelquefois s'enveloppant autour de nous à la manière d'une cape. Ou elles se fixent sur nos corps æthériques de façon que nous ne puissions être vus sans qu'elles soient là, visibles comme le jour, et peut-être loin d'être flatteuses, « écrites sur notre figure » comme elles le sont. Nous ne pouvons nous libérer de ces pensées et de leurs effets qu'au prix d'un intense travail personnel. Les plus puissantes des pensées peuvent ne jamais se détacher complètement de notre æther personnel et sont susceptibles de nous préoccuper au point de nous distraire de notre existence quotidienne. Des tempêtes de pensées frivoles le peuvent aussi. Quand nous marchons ainsi, « perdus dans les nuages », nous pouvons trébucher sur n'importe quel obstacle. Si nous sommes au volant, nous pouvons ne pas voir qu'un feu est passé au rouge.

Nos pensées sont au comble de leur puissance à l'instant où nous les avons. Lorsque nous prenons conscience d'une pensée, elle a déjà commencé à se détacher de notre æther personnel pour aller errer dans l'espace alentour. Nous accélérons beaucoup ce départ quand nous formulons cette pensée pour ceux qui nous entourent, mais la vérité est que toute communication, tout échange verbal ou gestuel, toute illustration a un effet dissociatif sur notre pensée et sa puissance se dilue dans le collectif. Bien que, pour être honnête, dans l'æther il n'y ait pas grand-chose d'individuel.

En tant qu'aspirant mentaliste, vous feriez bien de remarquer vos pensées au moment où vous les concevez, dans l'espoir de rendre plus claire l'imagerie mentale que vous envoyez dans l'æther. Exercez-vous à maintenir vos pensées au premier plan de votre esprit sans les exprimer en paroles ou par quelque gestuelle que ce soit. En continuant votre entraînement, faites une pause pour réfléchir à chaque pensée que vous concevez. Quelles sont les qualités de la pensée ? Utilisez vos connaissances de l'æther pour lui donner des aspects visuels tels que la forme et la couleur. Une fois que vous serez capable de faire cela comme si vous étiez né avec ce don, vous serez prêt pour passer aux expériences suivantes.

Exercice 32 : Conversation télépathique

Arrangez un rendez-vous avec un ami qui, de préférence, s'intéresse au mentalisme et qui en est au même point que vous dans ses études æthériques. Conversez simplement. Parlez des activités quotidiennes telles que les courses ou la vaisselle. Cette conversation ne doit pas comporter plus de quatre ou cinq assertions par personne. Pour chaque point formulé, formez une image mentale de la pensée correspondante et extirpez-la de votre æther personnel pour l'envoyer vers votre ami. Il devra faire la même chose. Gardez trace des impressions des affirmations de votre ami à mesure qu'il les produit et notez toute observation æthérique que vous pouvez faire sur les images qu'il vous envoie. Ce n'est pas un exercice simple, car il ne requiert pas seulement une réflexion puissante, en plus d'une réflexion sur les pensées, mais il implique aussi une réflexion sur la réflexion d'une autre personne sur les pensées. Si vous essayez cette expérience un certain nombre de fois avec votre ami et encore quelques fois avec un autre ami, vous comprendrez non seulement comment mieux repérer les pensées dans l'æther mais vous commencerez aussi à percevoir comment les pensées d'une personne se ressentent différemment des pensées d'une autre, et se distinguent dans leur aspect visuel.

Exercice 33 : Le message non exprimé

Y a-t-il quelqu'un dans votre vie à qui vous parlez tous les jours, quelqu'un avec qui vous vivez ou avec qui vous travaillez ? Peut-être un chauffeur de bus ou quelqu'un travaillant au café que vous fréquentez quotidiennement ? Vous pouvez tester votre faculté d'envoyer des messages æthériques avec cette personne. Il est important de ne pas leur faire savoir ce que vous êtes en train de tenter, car cela influerait sur l'expérience.

La prochaine fois que vous parlerez à cette personne, amenez un message simple au premier plan de vos pensées, quelque chose de court, de clair et d'approprié au contexte dans lequel vous la connaissez. Pour un employé de magasin ou un chauffeur de bus, vous pouvez penser : « Interroge-moi sur mon sac à main. » Pour quelqu'un qui vit ou travaille avec vous, vous pouvez penser : « Achète-nous des fleurs. » Vous devez penser exactement la même chose plusieurs fois de suite, donc faites en sorte que la pensée soit aussi simple que possible. Quand vous aurez achevé votre conversation avec cette personne et que vous vous serez dit au revoir, concevez la pensée à nouveau en visualisant le visage de la personne. Une fois séparés, envoyez plusieurs fois cette même pensée dans l'æther, toujours en visualisant le visage de la personne. Répétez cette même opération juste avant de vous revoir le lendemain, et une fois encore quand vous parlez avec elle. N'exprimez pas verbalement l'objet de votre pensée au cours de votre conversation avec elle. Si elle vous interroge sur votre sac à main ou apporte des fleurs, vous saurez que votre message a peut-être été reçu. Si vous vous sentez à l'aise avec le sujet, vous pouvez lui parler de votre expérience. Essayez avec autre chose et regardez ce qui arrive !

L'ÉTHIQUE DU MENTALISME

Certaines personnes, lorsqu'elles s'instruisent sur la pratique du mentalisme et ses capacités de nantir l'aspirant de pouvoirs inouïs, pensent que le cours proposé dans ce livre fournit des instructions pour une certaine forme de magie noire. C'est-à-dire qu'ils croient que, une fois qu'un aspirant mentaliste maîtrise son æther personnel et l'æther qui l'environne, il devient égoïste et destructeur, avide d'exercer sa nouvelle influence sur les volontés des autres gens. Si cette affirmation me paraissait déraisonnable, je ne me sentirais pas obligé d'écrire cette mise en garde.

La majorité des aspirants au mentalisme continuent à mener leur vie æthérique de façon morale. Mais il est vrai que certains de ceux qui ont exploité l'æther ont tourné son pouvoir à leur propre avantage, au détriment des autres. Ils tendent l'oreille aux pensées de leurs amis ou d'étrangers, font des visites astrales sans y être invités et utilisent le mentalisme pour faire du lavage de cerveau ou dominer les autres d'une autre manière. Ces usages de l'æther sont immoraux et, comme ses mentalistes tordus le découvriront un jour, destructeurs non seulement pour leurs victimes mais aussi pour eux-mêmes. Étant donné tout ce par quoi vous êtes passé dans vos études æthériques, vous réalisez maintenant que nous ne sommes pas des individus isolés, comme beaucoup de gens dans le monde matériel voudraient nous le faire croire. Nous sommes connectés par la substance de la vie elle-même : l'æther. Tout comme les océans entretiennent la vie sur terre, l'æther nous relie et nous nourrit tous. Et comme les océans, l'æther peut noyer sans remords une infinité de gens.

Une fois que nous avons réalisé que nous avons une âme humaine qui vit en nous et nous représente sur le plan æthérique, et que cette âme transcende non seulement l'existence matérielle mais aussi tout ce qui la concerne de près ou de loin, y compris la mortalité, nous devrions automatiquement nous montrer bons et responsables envers nous-mêmes et envers les autres. Nos âmes sont toutes connectées dans l'æther. Tout avantage qu'un individu utilise aux dépens des autres est une offense contre le tout et sera retourné contre son instigateur de la même façon que les maladies viennent à nous quand nous maltraitons nos formes matérielles. Gardez en tête le fait que tout est connecté quand vous pratiquez le mentalisme. Ces techniques et facultés que vous développez vous rapprochent de tout ce qu'il y a dans la création, une place que nous partageons tous.

Dans vos relations quotidiennes avec ceux qui vous entourent, vous avez déjà peut-être découvert que la plus petite courtoisie fait beaucoup pour améliorer les dispositions des gens à votre égard. Les gens essaient d'avoir bon cœur, mais chacun de nous a la capacité de se retirer en lui-même et de se concentrer sur ses désirs et besoins plutôt que sur ceux des autres. Un simple bonjour à notre voisin, un sourire à quelqu'un que nous croisons dans la rue ou une petite faveur non exprimée à une personne de notre connaissance, chacun de ces actes est un très puissant moyen de forcer les barrières défensives inutiles que les gens dressent autour d'eux mais aussi nos propres remparts. À mesure que vous commencerez à vous ouvrir dans ce sens, vous réaliserez combien chacun de nous est susceptible d'influencer son entourage, les autres personnes de sa vie et ses propres pensées et émotions. En même temps, vous percevrez plus clairement les liens entre vous, les autres gens et le monde, et vous approfondirez votre compréhension de l'æther d'une manière saine et constructive.

INDEX DES EXERCICES

REMERCIEMENTS

Je remercie tout particulièrement mes parents, Craig et Lana Marsh, et mon frère, Kirk Marsh, pour m'avoir appris la gentillesse, avoir encouragé ma curiosité et avoir toujours cru en moi. Je remercie aussi Jeff Hoke pour sa généreuse compagnie pendant la création de ce livre. Au-delà du travail monumental de Jeff en tant qu'illustrateur et conseiller éditorial, son amitié, son humeur conciliante et sa perspicacité sur les sujets les plus obscurs et (et ordinaires !) ont été des sources d'inspiration et de renouvellement constantes.

Merci à Anandamayi Arnold pour son amour et ses encouragements. À Laramie Crocker, Wendi Olson et à la famille Cammell-Brown pour leur soutien quotidien et leur amitié. À Brenda Knight et tous les autres braves gens de Weiser pour leur confiance et leur travail acharné. À Heather Schlegel pour son soutien à mon travail préliminaire sur ce projet. À tous les amis qui m'ont servi de modèles pour les illustrations et qui ont fait des commentaires sur mes essais. Et enfin, à mes correspondants réguliers S. C., R. D. et A. R., et tous les patients aspirants qui se sont abonnés au *Caméléopard.* D'autres ouvrages sont en préparation pour vous tous !

À PROPOS DE L'AUTEUR

CLINT MARSH est écrivain et éditeur d'ésotérisme pratique. En plus du *Cameléopard*, la série d'opuscules qui a inspiré ce livre, les publications de Marsh comprennent *Goblinproofing One's Chicken Coop*, *On Gnoming (A Pocket Guide to the Successful Hunting and Cooking of Gnomes)*, et *Wandering Wizards Welcome (By Appointment)*. Il a servi de conseiller rédactionnel et éditorial à la série *Guide to Lost Wonder* de Jeff Hoke et d'éditeur américain pour *Phooka, The Journal of the Overland Mallet Club*. Il vit à Berkeley, en Californie, et distribue ses ouvrages aux éditions Wonderella Printed.

Imprimé en France en juin 2010 sur les presses de l'imprimerie
« La Source d'Or »
63039 CLERMONT-FERRAND
Pour le compte de Music & Entertainment Books
ISBN 978-2-35726-060-3
Dépôt légal : juin 2010
Première édition : juin 2010

Dans le cadre de sa politique de développement durable, La Source d'Or a été référencée IMPRIM'VERT® par son organisme consulaire de tutelle.
Cet ouvrage est imprimé - pour l'intérieur - sur papier offset "Amber Volume" 90 g provenant de la gestion durable des forêts, des papeteries Arctic Paper dont les usines ont obtenu les certifications environnementales ISO 14001 et E.M.A.S.